Betoverende Smaken

Ontdek de Geheimen van de Indiase Keuken

Sanjay Patel

Samenvatting

Onmiddellijke dosis 18
    Ingrediënten 18
    methode 19
Zoete Aardappelbroodjes 20
    Ingrediënten 20
    methode 20
Aardappel pannekoeken 21
    Ingrediënten 21
    methode 22
Murgh Maleise Kebab 23
    Ingrediënten 23
    methode 24
Keema Puffs 25
    Ingrediënten 25
    methode 26
Ei Pakoda 28
    Ingrediënten 28
    methode 29
Ei Dosa 30
    Ingrediënten 30
    methode 31
Khasta Kachori 32
    Ingrediënten 32

methode 33
Gemengde peulvruchten dhokla 34
    Ingrediënten 34
    methode 35
frankie 36
    Ingrediënten 36
    methode 37
Besan Kaas Verrukking 38
    Ingrediënten 38
    Voor het bonenmengsel: 38
    methode 39
Chili idli 40
    Ingrediënten 40
    methode 40
Spinazie Hapjes 41
    Ingrediënten 41
    methode 42
Paushtik Chaat 43
    Ingrediënten 43
    methode 44
kool broodje 45
    Ingrediënten 45
    methode 46
tomaten brood 47
    Ingrediënten 47
    methode 47
Maïs- en kaaspasteitjes 48

    Ingrediënten 48

    methode 48

Cornflakes Chivda 49

    Ingrediënten 49

    methode 50

notenrol 51

    Ingrediënten 51

    methode 52

Koolrolletjes met gehakt 53

    Ingrediënten 53

    methode 54

pav bhaji 55

    Ingrediënten 55

    methode 56

soja kotelet 57

    Ingrediënten 57

    methode 57

Maïs Bhel 59

    Ingrediënten 59

    methode 59

Methi Gota 60

    Ingrediënten 60

    methode 61

Ili 62

    Ingrediënten 62

    methode 62

IDli plus 63

- Ingrediënten 63
  - methode 64
- Broodje masala 65
  - Ingrediënten 65
  - methode 66
- munt spiesjes 67
  - Ingrediënten 67
  - methode 67
- Sevia Upma Groenten 68
  - Ingrediënten 68
  - methode 69
- Bhel 70
  - Ingrediënten 70
  - methode 70
- Sabudana Khichdi 71
  - Ingrediënten 71
  - methode 72
- Dhokla gemakkelijk 73
  - Ingrediënten 73
  - methode 74
- Jaldi Aardappel 75
  - Ingrediënten 75
  - methode 75
- Dhokla Oranje 76
  - Ingrediënten 76
  - methode 77
- Muthia-kool 78

Ingrediënten 78

methode 79

Rava Dhokla 80

Ingrediënten 80

methode 80

Chapati Upma 81

Ingrediënten 81

methode 82

Mung Dhokla 83

Ingrediënten 83

methode 83

Mughlai-vleeskarbonade 84

Ingrediënten 84

methode 85

Masala Vada 86

Ingrediënten 86

methode 86

Chivda-kool 87

Ingrediënten 87

methode 88

Besan Bhajji-brood 89

Ingrediënten 89

methode 89

Methi Seekh Kebab 90

Ingrediënten 90

methode 90

Jhinga Hariyali 91

- Ingrediënten 91
  - methode 92
- Methi Adai 93
  - Ingrediënten 93
  - methode 94
- Erwten Chaat 95
  - Ingrediënten 95
  - methode 95
- shingada 96
  - Ingrediënten 96
  - Voor het gebak: 96
  - methode 97
- Ui Bhajia 98
  - Ingrediënten 98
  - methode 98
- Bagani Murgh 99
  - Ingrediënten 99
  - Voor de marinade: 99
  - methode 100
- Aardappel Tikki 101
  - Ingrediënten 101
  - methode 102
- Bataat Vada 103
  - Ingrediënten 103
  - methode 104
- Kip mini kebab 105
  - Ingrediënten 105

methode	105
Rissole-lenzen	106
Ingrediënten	106
methode	107
Voedende poha	108
Ingrediënten	108
methode	108
Gebruikelijke bonen	109
Ingrediënten	109
methode	110
Broodchutney Pakoda	111
Ingrediënten	111
methode	111
Methi Khakra-plezier	112
Ingrediënten	112
methode	112
Groene schnitzel	113
Ingrediënten	113
methode	114
hand	115
Ingrediënten	115
methode	116
Gugra	117
Ingrediënten	117
methode	117
bananen spiesjes	119
Ingrediënten	119

- methode 119
- groentetaart 120
  - Ingrediënten 120
  - methode 121
- Gekiemde Bhel Bonen 122
  - Ingrediënten 122
  - Voor de garnering: 122
  - methode 123
- Alo Kachori 124
  - Ingrediënten 124
  - methode 124
- Dieet Dosa 126
  - Ingrediënten 126
  - methode 126
- voer rol 128
  - Ingrediënten 128
  - methode 129
- Sabudana Palak Doodhi Uttapam 130
  - Ingrediënten 130
  - methode 131
- Poha 132
  - Ingrediënten 132
  - methode 133
- groente kotelet 134
  - Ingrediënten 134
  - methode 135
- Sojabonen Uppit 136

Ingrediënten	136
methode	137
oeps	138
Ingrediënten	138
methode	139
Vermicelli Oeps	140
Ingrediënten	140
methode	141
bonda	142
Ingrediënten	142
methode	143
Instant Dhokla	144
Ingrediënten	144
methode	145
Dal Maharani	146
Ingrediënten	146
methode	147
Milagu Kuzhambu	148
Ingrediënten	148
methode	149
Dhal Hariyali	150
Ingrediënten	150
methode	151
Dhalcha	152
Ingrediënten	152
methode	153
Tarkari Dhalcha	154

Ingrediënten	154
methode	155
Dhokar Dhalna	**156**
Ingrediënten	156
methode	157
Varan	**158**
Ingrediënten	158
methode	158
lieve dhal	**159**
Ingrediënten	159
methode	160
Zoetzure dhal	**161**
Ingrediënten	161
methode	162
Mung-ni-Dhal	**163**
Ingrediënten	163
methode	164
Dhal met uien en kokos	**165**
Ingrediënten	165
methode	166
Dahi Kadhi	**167**
Ingrediënten	167
methode	168
dhal spinazie	**169**
Ingrediënten	169
methode	170
Tawker Dal	**171**

- Ingrediënten 171
  - methode 172
- Eenvoudige dhal 173
  - Ingrediënten 173
  - methode 174
- Maa-ki-Dhal 175
  - Ingrediënten 175
  - methode 176
- Dhansak 177
  - Ingrediënten 177
  - Voor de dhal-mix: 177
  - methode 178
- Masoor Dhal 179
  - Ingrediënten 179
  - methode 179
- Panchemel Dhal 180
  - Ingrediënten 180
  - methode 181
- Cholar Dhal 182
  - Ingrediënten 182
  - methode 183
- Dilpas en Dhal 184
  - Ingrediënten 184
  - methode 185
- Dal Masoor 186
  - Ingrediënten 186
  - methode 187

- Dal met aubergine 188
  - Ingrediënten 188
  - methode 189
- Dhal Tadka geel 190
  - Ingrediënten 190
  - methode 191
- Rasam 192
  - Ingrediënten 192
  - Voor de kruidenmix: 192
  - methode 193
- Gewoon mung dhal 194
  - Ingrediënten 194
  - methode 194
- Hele groene mangoest 195
  - Ingrediënten 195
  - methode 196
- Dahi Kadhi met Pakora's 197
  - Ingrediënten 197
  - Voor de kadhi: 197
  - methode 198
- Zoete onrijpe mango dhal 199
  - Ingrediënten 199
  - methode 200
- Malai dhal 201
  - Ingrediënten 201
  - methode 202
- Sambhar 203

Ingrediënten 203
    Voor kruiden: 203
    methode 204
Drie Dhals 205
    Ingrediënten 205
    methode 206
Methi drumstick sambhar 207
    Ingrediënten 207
    methode 208
Dal Shorba 209
    Ingrediënten 209
    methode 209
Lekker mung 210
    Ingrediënten 210
    methode 211
Masala Toor Dhal 212
    Ingrediënten 212
    methode 213
Droge gele Mung Dhal 214
    Ingrediënten 214
    methode 214
Urad geheel 215
    Ingrediënten 215
    methode 216
Dal Fry 217
    Ingrediënten 217
    methode 218

Onmiddellijke dosis

(Instant Rijst Crêpe)

Maakt 10-12

Ingrediënten

85 g rijstmeel

45 g volkorenmeel

45 g gewoon wit meel

25 g dun griesmeel

60 g bezaan*

1 theelepel gemalen komijn

4 groene pepers, fijngehakt

2 eetlepels zure room

zout naar smaak

120 ml geraffineerde plantaardige olie

methode

- Meng alle ingrediënten behalve de olie met voldoende water tot een dik, vloeibaar beslag.

- Verhit een pan en giet er een theelepel olie in. Giet er 2 eetlepels beslag in en smeer het uit tot een crêpe met de achterkant van een lepel.

- Laat sudderen tot de onderkant bruin is. Draai om en herhaal.

- Verwijder voorzichtig met een spatel. Herhaal het proces voor het resterende deeg.

- Serveer warm met chutney.

Zoete Aardappelbroodjes

Maakt 15-20

Ingrediënten

4 grote zoete aardappelen, gestoomd en gepureerd

175 g rijstmeel

4 lepels honing

20 cashewnoten, licht geroosterd en fijngehakt

20 rozijnen

zout naar smaak

2 theelepels sesamzaadjes

Boter om in te bakken

methode

- Meng alle ingrediënten behalve de ghee en sesamzaadjes.

- Vorm balletjes ter grootte van een walnoot en rol ze door de sesamzaadjes om ze te bedekken.

- Verwarm de ghee in een gecoate pan. Bak de balletjes op middelhoog vuur goudbruin. Heet opdienen.

Aardappel pannekoeken

voor 30

Ingrediënten

6 grote aardappelen, 3 geraspt en 3 gekookt en gepureerd

2 eieren

2 eetlepels natuurlijk wit meel

½ theelepel versgemalen zwarte peper

1 kleine ui, fijngehakt

120 ml melk

60 ml geraffineerde plantaardige olie

1 theelepel zout

2 eetlepels olie

methode

- Meng alle ingrediënten behalve de olie tot een dik beslag.

- Verhit een platte pan en giet de olie erover. Voeg 2-4 grote eetlepels van het beslag toe en smeer uit als een pannenkoek.

- Bak aan elke kant op middelhoog vuur gedurende 3 tot 4 minuten tot de pannenkoek goudbruin en krokant is aan de randen.

- Herhaal het proces voor het resterende deeg. Heet opdienen.

Murgh Maleise Kebab

(Romige Kipspies)

Maakt 25-30

Ingrediënten

1 theelepel gemberpasta

1 theelepel knoflookpasta

2 groene chilipepers

25 g zeldzame korianderblaadjes, fijngehakt

3 eetlepels room

1 theelepel natuurlijke witte bloem

125 g geraspte cheddarkaas

1 theelepel zout

500 g kip zonder been, fijngehakt

methode

- Meng alle ingrediënten behalve de kip.

- Marineer de stukken kip 4-6 uur in het mengsel.

- Leg ze in een braadpan en bak op 165°C (325°F, gasstand 4) tot de kip lichtbruin is, ongeveer 20-30 minuten.

- Serveer warm met muntchutney

Keema Puffs

(pretzels gevuld met gehakt)

voor 12

Ingrediënten

250 g gewone witte bloem

½ eetlepel zout

½ theelepel bakpoeder

1 eetlepel geklaarde boter

100 ml water

2 eetlepels geraffineerde plantaardige olie

2 middelgrote uien, fijngehakt

¾ theelepel gemberpasta

¾ theelepel knoflookpasta

6 groene pepers, fijngehakt

1 grote tomaat, fijngehakt

½ theelepel kurkuma

½ theelepel chilipoeder

1 theelepel garam masala

125 g diepvrieserwten

4 eetlepels yoghurt

2 eetlepels water

50 g fijngehakte korianderblaadjes

500 g kip, in stukjes gesneden

methode

- Meng bloem, zout en bakpoeder. Voeg ghee en water toe. Kneed tot een deeg. Laat 30 minuten rusten en kneed opnieuw. Aan de kant zetten.

- Verhit de olie in een pan. Voeg uien, gemberpasta, knoflookpasta en groene pepers toe. Bak 2 minuten op middelhoog vuur.

- Voeg tomaten, kurkuma, chilipoeder, garam masala en wat zout toe. Meng goed en kook gedurende 5 minuten, onder regelmatig roeren.

- Voeg erwten, yoghurt, water, korianderblaadjes en gehakte kip toe. Goed mengen. Kook gedurende 15 minuten, af en toe roerend, tot het mengsel droog is. Aan de kant zetten.

- Rol het deeg uit tot een grote schijf. Snijd in een vierkante vorm en knip vervolgens 12 kleine rechthoeken uit het vierkant.

- Leg het rundergehaktmengsel in het midden van elke rechthoek en rol het op zoals je een stuk suikerpapier zou doen.

- Bak gedurende 10 minuten op 175°C (350°F, gasstand 4). Heet opdienen.

Ei Pakoda

(snack gebakken ei)

voor 20

Ingrediënten

3 eieren, losgeklopt

3 sneetjes brood, in vieren gesneden

125 g geraspte cheddarkaas

1 ui, fijngehakt

3 groene pepers, fijngehakt

1 eetlepel gehakte korianderblaadjes

½ theelepel gemalen zwarte peper

½ theelepel chilipoeder

zout naar smaak

Geraffineerde plantaardige olie om te frituren

methode

- Meng alle ingrediënten behalve de olie.

- Verhit de olie in een gecoate pan. Voeg het mengsel per lepel toe. Bak op middelhoog vuur tot ze goudbruin zijn.

- Laat uitlekken op absorberend papier. Heet opdienen.

Ei Dosa

(crêpe met rijst en ei)

Maakt 12-14

Ingrediënten

150g uradhal*

100 gram gestoomde rijst

zout naar smaak

4 losgeklopte eieren

Gemalen zwarte peper naar smaak

25 g dunne ui, fijngehakt

2 eetlepels gehakte korianderblaadjes

1 eetlepel geraffineerde plantaardige olie

1 eetlepel boter

methode

- Week dhal en rijst samen gedurende 4 uur. Zout en maal tot een dik deeg. Laat het een nacht fermenteren.

- Vet een platte pan in en verwarm deze. Verdeel er 2 eetlepels beslag over.

- Giet 3 eetlepels ei over het beslag. Bestrooi met peper, uien en korianderblaadjes. Smeer wat olie rond de randen en bak 2 minuten. Keer voorzichtig en bak nog 2 minuten.

- Herhaal voor de rest van het deeg. Leg op elke dosa een klontje boter en serveer warm met kokoschutney

Khasta Kachori

(pittige gebakken linzen dumplings)

Voor 12-15

Ingrediënten

200 g / 7 oz extra vergine olijfolie*

300 g gewoon wit meel

zout naar smaak

200ml water

2 eetlepels geraffineerde plantaardige olie plus om te frituren

Een snufje asafoetida

225g mung dhal*, laat een uurtje weken en laat uitlekken

1 theelepel kurkuma

1 theelepel gemalen koriander

4 theelepels venkelzaad

2-3 kruidnagel

1 eetlepel fijngehakte korianderblaadjes

3 groene pepers, fijngehakt

2,5 cm gemberwortel, fijngehakt

1 eetlepel fijngehakte muntblaadjes

¼ theelepel chilipoeder

1 theelepel amchoor*

methode

- Meng de besan, bloem en wat zout met genoeg water tot een stevig deeg. Aan de kant zetten.

- Verhit de olie in een pan. Asafoetida toevoegen en 15 seconden laten knetteren. Voeg de dhal toe en roerbak 5 minuten op middelhoog vuur.

- Voeg de kurkuma, gemalen koriander, venkelzaad, kruidnagel, korianderblaadjes, groene pepers, gember, muntblaadjes, chilipoeder en amboor toe. Meng goed en kook gedurende 10-12 minuten. Aan de kant zetten.

- Verdeel het deeg in balletjes ter grootte van een citroen. Druk plat en rol uit tot kleine schijfjes van 12,5 cm doorsnee.

- Plaats een lepel van het dhal-mengsel in het midden van elk plakje. Verzegel als een zak en maak plat in puri. Aan de kant zetten.

- Verhit de olie in een pan. Bak de puri's tot ze rijzen.

- Serveer warm met groene kokoschutney

Gemengde peulvruchten dhokla

(Gemengde Gestoomde Peulvruchtencake)

voor 20

Ingrediënten

125 g hele mungbonen*

125g Kaala Chana*

60g / 2oz Turkse Gram

50 g gedroogde erwten

75 g uradbonen*

2 theelepels groene pepers

zout naar smaak

methode

- Dompel mungbonen, kaala chana, Turkse kikkererwten en gedroogde erwten samen. Week uradbonen apart. 6 uur laten rusten.

- Maal alle weekingrediënten samen tot een dik beslag. Gedurende 6 uur fermenteren.

- Voeg de groene pepers en het zout toe. Goed mengen, in een ronde cakevorm van 20 cm gieten en 10 minuten stomen.

- Snijd in een diamantvorm. Serveer met muntchutney

frankie

Maakt 10-12

Ingrediënten

1 theelepel chaat masala*

½ theelepel garam masala

½ theelepel gemalen komijn

4 grote aardappelen, gekookt en gepureerd

zout naar smaak

10-12 chapati's

Geraffineerde plantaardige olie om in te vetten

2-3 groene pepers, fijngehakt en geweekt in witte azijn

2 eetlepels fijngehakte korianderblaadjes

1 ui, fijngehakt

methode

- Combineer chaat masala, garam masala, gemalen komijn, aardappelen en zout. Meng goed en zet opzij.

- Verhit een koekenpan en leg er een chapatti op.

- Sprenkel wat olie over de chapatti's en schroei ze aan één kant dicht. Herhaal voor de andere kant.

- Verdeel een laag van het aardappelmengsel gelijkmatig over de hete chapati's.

- Bestrooi met wat groene pepers, korianderblaadjes en uien.

- Rol de chapati's zodat het aardappelmengsel erin zit.

- Rooster de rol droog in een pan tot hij goudbruin is en serveer heet.

Besan Kaas Verrukking

voor 25

Ingrediënten

2 eieren

250 g cheddar kaas, geraspt

1 theelepel gemalen zwarte peper

1 theelepel gemalen mosterd

½ theelepel chilipoeder

60 ml geraffineerde plantaardige olie

Voor het bonenmengsel:

50 g droog geroosterd griesmeel

375g / 13oz bezaan*

200 g kool, geraspt

1 theelepel gemberpasta

1 theelepel knoflookpasta

Een snufje bakpoeder

zout naar smaak

methode

- Klop 1 ei goed los. Voeg cheddarkaas, peper, gemalen mosterd en chilipoeder toe. Meng goed en zet opzij.

- Meng de ingrediënten voor het besanmengsel. Giet in een ronde taartvorm van 20 cm en stoom gedurende 20 minuten. Eenmaal afgekoeld, snijd in 25 stukken en verdeel het ei en kaasmengsel over elk.

- Verhit de olie in een pan. Bak de stukjes op middelhoog vuur goudbruin. Serveer warm met groene kokoschutney

Chili idli

Voor 4 personen

Ingrediënten

3 eetlepels geraffineerde plantaardige olie

1 theelepel mosterdzaad

1 kleine ui, in plakjes

½ theelepel garam masala

1 eetlepel ketchup

4 idlis gehakt

zout naar smaak

2 eetlepels korianderblaadjes

methode

- Verhit de olie in een pan. Voeg de mosterdzaadjes toe. Laat ze 15 seconden knetteren.

- Voeg alle resterende ingrediënten toe, behalve de korianderblaadjes. Goed mengen.

- Kook op middelhoog vuur gedurende 4-5 minuten, roer voorzichtig. Garneer met de korianderblaadjes. Heet opdienen.

Spinazie Hapjes

voor 10

Ingrediënten

2 eetlepels boter

10 sneetjes brood, in vieren gesneden

2 eetlepels geklaarde boter

1 ui, fijngehakt

300 g spinazie, fijngehakt

zout naar smaak

125 g geitenkaas, uitgelekt

4 eetlepels geraspte cheddar kaas

methode

- Beboter beide kanten van de stukjes brood en bak ze 7 minuten in een voorverwarmde oven op 200°C (400°F, gasstand 6). Aan de kant zetten.

- Verwarm de ghee in een pannetje. Fruit de ui goudbruin. Voeg spinazie en zout toe. Laat 5 minuten koken. Voeg de geitenkaas toe en meng goed.

- Verdeel het spinaziemengsel over de geroosterde stukjes brood. Strooi er wat geraspte cheddar kaas over en bak op 130°C (250°F, gasstand ½) tot de kaas gesmolten is. Heet opdienen.

Paushtik Chaat

(Gezonde snack)

Voor 4 personen

Ingrediënten

3 theelepels geraffineerde plantaardige olie

½ theelepel komijnzaad

1 inch gemberwortel, gehakt

1 kleine aardappel, gekookt en in stukjes gesneden

1 theelepel garam masala

zout naar smaak

Gemalen zwarte peper naar smaak

250 g mungbonen, gekookt

300 g borlottibonen uit blik

300 g kikkererwten uit blik

10 g gehakte korianderblaadjes

1 theelepel citroensap

methode

- Verhit de olie in een pan. Voeg de komijnzaadjes toe. Laat ze 15 seconden knetteren.
- Voeg gember, aardappel, garam masala, zout en peper toe. Bak op middelhoog vuur gedurende 3 minuten. Voeg mungbonen, rode bonen en kikkererwten toe. Kook op middelhoog vuur gedurende 8 minuten.
- Garneer met korianderblaadjes en citroensap. Serveer koud.

kool broodje

Voor 4 personen

Ingrediënten

1 eetlepel natuurlijk wit meel

3 eetlepels water

zout naar smaak

2 eetlepels geraffineerde plantaardige olie plus om te frituren

1 theelepel komijnzaad

100 g diepvries gemengde groenten

1 eetlepel vloeibare room

2 lepels paneermeel*

¼ theelepel kurkuma

1 theelepel chilipoeder

1 theelepel gemalen koriander

1 theelepel gemalen komijn

8 grote koolbladeren, 2-3 minuten in heet water geweekt en uitgelekt

methode

- Meng bloem, water en zout tot een dikke pasta. Aan de kant zetten.
- Verhit de olie in een pan. Voeg de komijnzaadjes toe en laat 15 seconden knetteren. Voeg alle resterende ingrediënten toe, behalve de koolbladeren. Kook op middelhoog vuur gedurende 2-3 minuten, onder regelmatig roeren.
- Schep een lepel van dit mengsel in het midden van elk koolblad. Vouw de blaadjes dicht en plak de uiteinden dicht met de bloempasta.
- Verhit de olie in een gecoate pan. Doop de koolrolletjes in bloembeslag en bak ze. Heet opdienen.

tomaten brood

voor 4

Ingrediënten

1 1/2 eetlepel geraffineerde plantaardige olie

150 gram tomatenpuree

3-4 kerrieblaadjes

2 groene pepers, fijngehakt

zout naar smaak

2 grote aardappelen, gekookt en in plakjes

6 sneetjes brood, gehakt

10 g gehakte korianderblaadjes

methode

- Verhit de olie in een pan. Voeg tomatenpuree, kerrieblaadjes, groene pepers en zout toe. Laat 5 minuten koken.
- Voeg aardappelen en brood toe. Laat 5 minuten sudderen.
- Garneer met de korianderblaadjes. Heet opdienen.

Maïs- en kaaspasteitjes

Maakt 8-10

Ingrediënten

200 gram suikermaïs

250 gram geraspte mozzarella

4 grote aardappelen, gekookt en gepureerd

2 groene pepers, fijngehakt

2,5 cm gemberwortel, fijngehakt

1 eetlepel gehakte korianderblaadjes

1 theelepel citroensap

50 gram paneermeel

zout naar smaak

Geraffineerde plantaardige olie om te frituren

50 gram griesmeel

methode

- Meng in een kom alle ingrediënten behalve de olie en het griesmeel. Verdeel in 8-10 balletjes.
- Verhit de olie in een pan. Rol de balletjes door griesmeel en bak ze op middelhoog vuur goudbruin. Heet opdienen.

Cornflakes Chivda

(snack gemaakt van geroosterde cornflakes)

Maakt 500g / 1lb 2oz

Ingrediënten

250 gram pinda's

150g chana dhal*

100 gram rozijnen

125 gram cashewnoten

200 gram cornflakes

60 ml geraffineerde plantaardige olie

7 groene pepers, in plakjes

25 kerrieblaadjes

½ theelepel kurkuma

2 theelepels suiker

zout naar smaak

methode

- Droog geroosterde pinda's, chana dhal, rozijnen, cashewnoten en cornflakes tot ze krokant zijn. Aan de kant zetten.
- Verhit de olie in een pan. Voeg groene pepers, kerrieblaadjes en kurkuma toe. Bak op middelhoog vuur gedurende een minuut.
- Voeg suiker, zout en alle geroosterde ingrediënten toe. Bak al roerend 2-3 minuten.
- Laat afkoelen en bewaar in een luchtdichte verpakking tot 8 dagen.

notenrol

Voor 20-25

Ingrediënten

140 g gewone witte bloem

240 ml melk

1 eetlepel boter

zout naar smaak

Gemalen zwarte peper naar smaak

½ eetlepel fijngehakte korianderblaadjes

3-4 eetlepels geraspte cheddarkaas

¼ theelepel nootmuskaat, geraspt

125 g cashewnoten, grof gemalen

125 g pinda's, grof gemalen

50 gram paneermeel

Geraffineerde plantaardige olie om te frituren

methode

- Meng 85 g bloem met melk in een steelpan. Voeg de boter toe en kook het mengsel op laag vuur, onder voortdurend roeren, tot het dik is.
- Voeg zout en peper toe. Laat het mengsel 20 minuten afkoelen.
- Voeg de korianderblaadjes, cheddarkaas, nootmuskaat, cashewnoten en pinda's toe. Goed mengen. Aan de kant zetten.
- Strooi de helft van het paneermeel op een bord.
- Schep theelepels van het bloemmengsel op de paneermeel en vorm broodjes. Aan de kant zetten.
- Meng de resterende bloem met voldoende water tot een dun deeg. Doop de broodjes in het beslag en rol ze nogmaals door het paneermeel.
- Verhit de olie in een pan. Bak de broodjes op middelhoog vuur goudbruin.
- Serveer warm met ketchup of groene kokoschutney

Koolrolletjes met gehakt

voor 12

Ingrediënten

1 eetlepel geraffineerde plantaardige olie plus extra om te frituren

2 uien, fijngehakt

2 tomaten, fijngehakt

½ el gemberpasta

½ eetlepel knoflookpasta

2 groene pepers, in plakjes

½ theelepel kurkuma

½ theelepel chilipoeder

¼ theelepel gemalen zwarte peper

500 g kip, in stukjes gesneden

200 g diepvrieserwten

2 kleine aardappelen, in blokjes

1 grote wortel, in blokjes

zout naar smaak

25 g zeldzame korianderblaadjes, fijngehakt

12 grote koolbladeren, geblancheerd

2 losgeklopte eieren

100 gram paneermeel

methode

- Verhit 1 eetlepel olie in een pan. Fruit hierin de uien tot ze glazig zijn.
- Voeg tomaten, gemberpasta, knoflookpasta, groene pepers, kurkuma, chilipoeder en peper toe. Meng goed en bak 2 minuten op middelhoog vuur.
- Voeg de gemalen kip, erwten, aardappelen, wortelen, zout en korianderblaadjes toe. Laat 20-30 minuten sudderen, af en toe roeren. Koel het mengsel gedurende 20 minuten.
- Schep eetlepels gehakt mengsel in een koolblad en rol op. Herhaal het proces voor de resterende bladeren. Zet de rolletjes vast met een tandenstoker.
- Verhit de olie in een pan. Doop de rolletjes in het ei, bestrijk ze met paneermeel en bak ze goudbruin.
- Giet af en dien warm op.

pav bhaji

(pittige groenten met brood)

Voor 4 personen

Ingrediënten

2 grote aardappelen, gekookt

200 g diepgevroren gemengde groenten (paprika's, wortelen, bloemkool en erwten)

2 eetlepels boter

1 ½ theelepel knoflookpasta

2 grote uien, geraspt

4 grote tomaten, in stukjes

250ml water

2 theelepels Pav Bhaji Masala*

1½ theelepel chilipoeder

¼ theelepel kurkuma

sap van 1 citroen

zout naar smaak

1 eetlepel gehakte korianderblaadjes

boter om in te bakken

4 hamburgerbroodjes, gehalveerd

1 grote ui, fijngehakt

schijfjes citroen

methode

- Pureer de groenten goed. Aan de kant zetten.
- Verhit de boter in een pannetje. Voeg knoflookpasta en uien toe en bak tot de uien goudbruin zijn. Voeg de tomaten toe en bak 10 minuten op middelhoog vuur, af en toe roerend.
- Voeg de gepureerde groenten, water, pav bhaji masala, chilipoeder, kurkuma, citroensap en zout toe. Laat sudderen tot de saus dik is. Meng en kook gedurende 3-4 minuten, onder voortdurend roeren. Strooi de korianderblaadjes erover en meng goed. Aan de kant zetten.
- Verhit een platte pan. Smeer er wat boter op en rooster de burgerbroodjes aan beide kanten krokant.
- Serveer de groentemix gloeiend heet bij de broodjes, met als bijgerecht de ui en citroenschijfjes.

soja kotelet

voor 10

Ingrediënten

300 g mung dhal* 4 uur laten weken

zout naar smaak

400 g sojabonenkorrels, 15 minuten geweekt in warm water

1 grote ui, fijngehakt

2-3 groene pepers, fijngehakt

1 theelepel amchoor*

1 theelepel garam masala

2 eetlepels gehakte korianderblaadjes

150 g paneermeel* of tofu, geraspt

Geraffineerde plantaardige olie om te frituren

methode

- Laat de dhal niet leeglopen. Voeg het zout toe en kook in een pan op middelhoog vuur gedurende 40 minuten. Aan de kant zetten.
- Giet de sojabonenkorrels af. Meng met de dhal en maal tot een dikke pasta.

- Meng deze pasta in een pan met antiaanbaklaag met alle overige ingrediënten behalve de olie. Sudderen tot ze uitdrogen.
- Verdeel het mengsel in balletjes ter grootte van een citroen en vorm er schnitzels van.
- Verhit de olie in een pan. Bak de schnitzels goudbruin.
- Serveer warm met muntchutney

Maïs Bhel

(Pittige Maïs Snack)

Voor 4 personen

Ingrediënten

200 g gekookte maïskorrels

100 g lente-uitjes, fijngehakt

1 aardappel, gekookt, geschild en fijngehakt

1 tomaat, fijngehakt

1 komkommer, fijngehakt

10 g gehakte korianderblaadjes

1 theelepel chaat masala*

2 theelepels citroensap

1 eetlepel muntchutney

zout naar smaak

methode

- Meng alle ingrediënten goed in een kom.
- Serveer onmiddellijk.

Methi Gota

(Gebakken Fenegriek Dumplings)

voor 20

Ingrediënten

500g / 1lb 2oz bezaan*

45 g volkorenmeel

125g yoghurt

4 eetlepels geraffineerde plantaardige olie plus extra om te frituren

2 theelepels bakpoeder

50 g verse fenegriekblaadjes, fijngehakt

50 g fijngehakte korianderblaadjes

1 rijpe banaan, geschild en gepureerd

1 eetlepel korianderzaad

10-15 korrels zwarte peper

2 groene chilipepers

½ theelepel gemberpasta

½ theelepel garam masala

Een snufje asafoetida

1 theelepel chilipoeder

zout naar smaak

methode

- Meng de besan, bloem en yoghurt door elkaar.
- Voeg 2 eetlepels olie en bakpoeder toe. Laat 2-3 uur fermenteren.
- Voeg alle overige ingrediënten toe behalve de olie. Meng goed tot er een dik beslag ontstaat.
- Verhit 2 eetlepels olie en voeg toe aan het beslag. Meng goed en laat 5 minuten rusten.
- Verhit de resterende olie in een pannetje. Druppel kleine bolletjes van het beslag in de olie en bak ze goudbruin.
- Laat uitlekken op absorberend papier. Heet opdienen.

Ili

(Gestoomde Rijstcake)

Voor 4 personen

Ingrediënten

500 g rijst, een nacht geweekt

300g uradhal*, een nacht laten weken

1 eetlepel zout

Een snufje bakpoeder

Geraffineerde plantaardige olie om in te vetten

methode

- Giet de rijst en dhal af en maal ze fijn.
- Voeg zout en bakpoeder toe. Laat 8-9 uur fermenteren.
- Vet de cupcakevormpjes in. Giet het rijst-dhal-mengsel erbij zodat ze halfvol zijn. Stoom gedurende 10-12 minuten.
- Graaf de idlis op. Serveer warm met kokoschutney

IDli plus

(Gestoomde Rijstcake Met Kruiden)

Voor 6 personen

Ingrediënten

500 g rijst, een nacht geweekt

300g uradhal*, een nacht laten weken

1 eetlepel zout

¼ theelepel kurkuma

1 eetlepel kristalsuiker

zout naar smaak

1 eetlepel geraffineerde plantaardige olie

½ theelepel komijnzaad

½ theelepel mosterdzaad

methode

- Giet de rijst en dhal af en maal ze fijn.
- Voeg zout toe en laat 8-9 uur fermenteren.
- Voeg kurkuma, suiker en zout toe. Meng goed en zet opzij.
- Verhit de olie in een pan. Voeg komijn- en mosterdzaad toe. Laat ze 15 seconden knetteren.
- Voeg het rijst-dhal-mengsel toe. Dek af met een deksel en kook gedurende 10 minuten.
- Dek af en gooi het mengsel. Dek opnieuw af en kook gedurende 5 minuten.
- Prik de idli in met een vork. Als de vork er schoon uitkomt, is de idli klaar.
- Snijd in stukjes en serveer warm met kokoschutney

Broodje masala

voor 6

Ingrediënten

2 theelepels geraffineerde plantaardige olie

1 kleine ui, fijngehakt

¼ theelepel kurkuma

1 grote tomaat, fijngehakt

1 grote aardappel, gekookt en gepureerd

1 eetlepel gekookte erwten

1 theelepel chaat masala*

zout naar smaak

10 g gehakte korianderblaadjes

50 gram boter

12 sneetjes brood

methode

- Verhit de olie in een pan. Voeg de ui toe en bak tot glazig.
- Voeg kurkuma en tomaat toe. Bak op middelhoog vuur gedurende 2-3 minuten.
- Voeg aardappelen, erwten, chaat masala, zout en korianderblaadjes toe. Meng goed en laat een minuut op laag vuur koken. Aan de kant zetten.
- Smeer de sneetjes brood in met boter. Verdeel een laag groentemengsel over zes plakken. Dek af met de overige plakken en gril 10 minuten. Keer om en gril opnieuw gedurende 5 minuten. Heet opdienen.

munt spiesjes

voor 8

Ingrediënten

10 g fijngehakte muntblaadjes

500 g geitenkaas, uitgelekt

2 theelepels maïsmeel

10 cashewnoten, grof gehakt

½ theelepel gemalen zwarte peper

1 theelepel amchoor*

zout naar smaak

Geraffineerde plantaardige olie om te frituren

methode

- Meng alle ingrediënten behalve de olie. Kneed tot je een zacht maar compact deeg krijgt. Verdeel in 8 balletjes ter grootte van een citroen en pureer.
- Verhit de olie in een pan. Bak de spiesjes op middelhoog vuur goudbruin.
- Serveer warm met muntchutney

Sevia Upma Groenten

(Groente Vermicelli Snacks)

Voor 4 personen

Ingrediënten

5 eetlepels geraffineerde plantaardige olie

1 grote groene paprika, fijngehakt

¼ theelepel mosterdzaad

2 groene pepers, in de lengte doorgesneden

200 g vermicelli

8 kerrieblaadjes

zout naar smaak

Een snufje asafoetida

50 g sperziebonen, fijngehakt

1 wortel, fijngehakt

50 g diepvrieserwten

1 grote ui, fijngehakt

25 g zeldzame korianderblaadjes, fijngehakt

sap van 1 citroen (optioneel)

methode

- Verhit 2 eetlepels olie in een pan. Bak de groene paprika's 2-3 minuten. Aan de kant zetten.
- Verhit in een andere pan 2 eetlepels olie. Voeg de mosterdzaadjes toe. Laat ze 15 seconden knetteren.
- Voeg de groene pepers en vermicelli toe. Bak op middelhoog vuur gedurende 1-2 minuten, af en toe roeren. Voeg kerrieblaadjes, zout en asafoetida toe.
- Bevochtig met een beetje water en voeg de geroosterde groene paprika's, sperziebonen, wortel, erwten en ui toe. Meng goed en kook op middelhoog vuur gedurende 3-4 minuten.
- Dek af met een deksel en kook nog een minuut.
- Bestrooi met korianderblaadjes en citroensap. Serveer warm met kokoschutney

Bhel

(gepofte rijstsnack)

Voor 4-6 personen

Ingrediënten

2 grote aardappelen, gekookt en in blokjes gesneden

2 grote uien, fijngehakt

125 g geroosterde pinda's

2 eetlepels gemalen komijn, droog geroosterd

300 g / 10 oz Bhel-mengsel

250 g warme en zoete mangochutney

60 g muntchutney

zout naar smaak

25 g overgebleven korianderblaadjes, gehakt

methode

- Gooi de aardappelen, uien, pinda's en gemalen komijn door het bhel-mengsel. Voeg beide chutneys en zout toe. Roer om te mengen.
- Maak af met de korianderblaadjes. Serveer onmiddellijk.

Sabudana Khichdi

(Sago snack met aardappelen en pinda's)

Voor 6 personen

Ingrediënten

300 gram sago

250ml water

250 g pinda's, grof gemalen

zout naar smaak

2 theelepels kristalsuiker

25 g overgebleven korianderblaadjes, gehakt

2 eetlepels geraffineerde plantaardige olie

1 theelepel komijnzaad

5-6 groene pepers, fijngehakt

100 g gekookte en in stukjes gesneden aardappelen

methode

- Week de sago een nacht in water. Voeg pinda's, zout, kristalsuiker en korianderblaadjes toe en meng goed. Aan de kant zetten.
- Verhit de olie in een pan. Voeg komijn en groene pepers toe. Bak ongeveer 30 seconden.
- Voeg de aardappelen toe en bak 1-2 minuten op middelhoog vuur.
- Voeg het sagomengsel toe. Meng en meng goed.
- Dek af met een deksel en laat 2-3 minuten sudderen. Heet opdienen.

Dhokla gemakkelijk

(gewone gestoomde cake)

voor 25

Ingrediënten

250g chana dhal*, laat een nacht weken en laat uitlekken

2 groene chilipepers

1 theelepel gemberpasta

Een snufje asafoetida

½ theelepel bakpoeder

zout naar smaak

2 eetlepels geraffineerde plantaardige olie

½ theelepel mosterdzaad

4-5 kerrieblaadjes

4 eetlepels verse kokosnoot, geraspt

10 g gehakte korianderblaadjes

methode

- Maal de dhal tot een grove pasta. Laat het 6-8 uur trekken.
- Voeg groene pepers, gemberpasta, asafoetida, baking soda, zout, 1 eetlepel olie en wat water toe. Goed mengen.
- Vet een ronde cakevorm (20 cm) in en vul met het beslag.
- Stoom gedurende 10-12 minuten. Aan de kant zetten.
- Verhit de resterende olie in een pannetje. Voeg mosterdzaadjes en kerrieblaadjes toe. Laat ze 15 seconden knetteren.
- Giet het op de dhoklas. Garneer met kokos en korianderblaadjes. Snijd in stukjes en serveer gloeiend heet.

Jaldi Aardappel

Voor 4 personen

Ingrediënten

2 theelepels geraffineerde plantaardige olie

1 theelepel komijnzaad

1 groene paprika, gehakt

½ theelepel zwart zout

1 theelepel amchoor*

1 theelepel gemalen koriander

4 grote aardappelen, gekookt en in blokjes gesneden

2 eetlepels gehakte korianderblaadjes

methode

- Verhit de olie in een pan. Voeg de komijnzaadjes toe en laat 15 seconden knetteren.
- Voeg alle andere ingrediënten toe. Goed mengen. Laat 3-4 minuten sudderen. Heet opdienen.

Dhokla Oranje

(gestoomde sinaasappelcake)

voor 25

Ingrediënten

- 50 gram griesmeel
- 250g / 9oz bezaan*
- 250 ml zure room
- zout naar smaak
- 100 ml water
- 4 teentjes knoflook
- 1 cm gemberwortel
- 3-4 groene pepers
- 100 g geraspte wortelen
- ¾ theelepel bakpoeder
- ¼ theelepel kurkuma
- Geraffineerde plantaardige olie om in te vetten
- 1 theelepel mosterdzaad
- 10-12 kerrieblaadjes
- 50 gram geraspte kokos

25 g zeldzame korianderblaadjes, fijngehakt

methode

- Meng de griesmeel, besan, zure room, zout en water. Zet opzij om een nacht te fermenteren.
- Maal de knoflook, gember en chili samen.
- Voeg toe aan het gefermenteerde beslag samen met de wortel, bakpoeder en kurkuma. Goed mengen.
- Vet een ronde cakevorm (20 cm) in met een beetje olie. Giet het beslag erin. Stoom ongeveer 20 minuten. Laat afkoelen en snij in stukjes.
- Verhit wat olie in een steelpan. Voeg mosterdzaadjes en kerrieblaadjes toe. Bak ze 30 seconden. Giet het over de dhokla-stukjes.
- Garneer met kokos en korianderblaadjes. Heet opdienen.

Muthia-kool

(Gestoomde Koolkroketten)

Voor 4 personen

Ingrediënten

250 g volkorenmeel

100 gram gesneden kool

½ theelepel gemberpasta

½ theelepel knoflookpasta

zout naar smaak

2 theelepels suiker

1 eetlepel citroensap

2 eetlepels geraffineerde plantaardige olie

1 theelepel mosterdzaad

1 eetlepel gehakte korianderblaadjes

methode

- Combineer bloem, kool, gemberpasta, knoflookpasta, zout, suiker, citroensap en 1 eetlepel olie. Kneed tot er een flexibel deeg ontstaat.
- Vorm 2 lange rollen van het deeg. Stoom gedurende 15 minuten. Laat afkoelen en snij in plakjes. Aan de kant zetten.
- Verhit de resterende olie in een pannetje. Voeg de mosterdzaadjes toe. Laat ze 15 seconden knetteren.
- Voeg de gesneden broodjes toe en bak op middelhoog vuur goudbruin. Garneer met de korianderblaadjes en dien heet op.

Rava Dhokla

(Gestoomde griesmeelcake)

Maakt 15-18

Ingrediënten

200 gram griesmeel

240 ml zure room

2 theelepels groene pepers

zout naar smaak

1 theelepel rode peperpoeder

1 theelepel gemalen zwarte peper

methode

- Meng griesmeel en zure room. Laat 5-6 uur fermenteren.
- Voeg de groene pepers en het zout toe. Goed mengen.
- Giet het griesmeelmengsel in een ronde cakevorm van 20 cm. Bestrooi met chilipoeder en peper. Stoom gedurende 10 minuten.
- Snijd in stukjes en serveer warm met muntchutney

Chapati Upma

(Snelle Chapatti-snack)

Voor 4 personen

Ingrediënten

6 overgebleven chapati's, in kleine stukjes gebroken

2 eetlepels geraffineerde plantaardige olie

¼ theelepel mosterdzaad

10-12 kerrieblaadjes

1 middelgrote ui, gehakt

2-3 groene pepers, fijngehakt

¼ theelepel kurkuma

sap van 1 citroen

1 theelepel suiker

zout naar smaak

10 g gehakte korianderblaadjes

methode

- Verhit de olie in een pan. Voeg de mosterdzaadjes toe. Laat ze 15 seconden knetteren.
- Voeg kerrieblaadjes, uien, pepers en kurkuma toe. Fruit op middelhoog vuur tot de ui lichtbruin kleurt. Voeg de chapati's toe.
- Besprenkel met citroensap, suiker en zout. Meng goed en kook op middelhoog vuur gedurende 5 minuten. Garneer met de korianderblaadjes en dien heet op.

Mung Dhokla

(gestoomde mangoest cake)

Het is ongeveer 20

Ingrediënten

250 g mung dhal*_2 uur laten weken

150 ml zure room

2 eetlepels water

zout naar smaak

2 geraspte wortelen of 25 g geraspte kool

methode

- Giet de dhal af en maal deze fijn.
- Voeg zure room en water toe en laat 6 uur gisten. Voeg het zout toe en meng goed tot het deeg ontstaat.
- Vet een ronde cakevorm (20 cm doorsnee) in en giet het beslag erin. Bestrooi met wortelen of kool. Stoom gedurende 7-10 minuten.
- Snijd in stukjes en serveer met muntchutney

Mughlai-vleeskarbonade

(Rijke Vleeskarbonade)

voor 12

Ingrediënten

1 theelepel gemberpasta

1 theelepel knoflookpasta

zout naar smaak

500 g lamsvlees zonder bot, in stukjes

240ml water

1 eetlepel gemalen komijn

¼ theelepel kurkuma

Geraffineerde plantaardige olie om te frituren

2 losgeklopte eieren

50 gram paneermeel

methode

- Meng gemberpasta, knoflookpasta en zout. Marineer het lamsvlees 2 uur in dit mengsel.
- Kook het lamsvlees in een pan met het water op middelhoog vuur gaar. Bewaar de bouillon en zet het lam apart.
- Voeg komijn en kurkuma toe aan de bouillon. Goed mengen.
- Giet de bouillon in een pan en laat sudderen tot het water is verdampt. Marineer het lamsvlees opnieuw gedurende 30 minuten in dit mengsel.
- Verhit de olie in een pan. Doop elke lamsbout in losgeklopt ei, rol in paneermeel en bak goudbruin. Heet opdienen.

Masala Vada

(pittige gebakken knoedels)

voor 15

Ingrediënten

300g Chana dhal*Week in 500 ml water gedurende 3-4 uur

50 g ui, fijngehakt

25 g overgebleven korianderblaadjes, gehakt

25 g dunne dilleblaadjes, fijngehakt

½ theelepel komijnzaad

zout naar smaak

3 eetlepels geraffineerde plantaardige olie plus extra om te frituren

methode

- Maal de dhal grof. Meng alle ingrediënten behalve de olie erdoor.
- Voeg 3 eetlepels olie toe aan het dhal-mengsel. Maak ronde, platte gehaktballetjes.
- Verhit de resterende olie in een pan met anti-aanbaklaag. Bak de gehaktballetjes. Heet opdienen.

Chivda-kool

(snack met kool en opgeklopte rijst)

Voor 4 personen

Ingrediënten

100 g kool, fijngehakt

zout naar smaak

3 eetlepels geraffineerde plantaardige olie

125 g pinda's

150g chana dhal*, geroosterd vlees

1 theelepel mosterdzaad

Een snufje asafoetida

200g Poha* gedrenkt in water

1 theelepel gemberpasta

4 theelepels suiker

1 1/2 eetlepel citroensap

25 g overgebleven korianderblaadjes, gehakt

methode

- Meng de kool met het zout en laat 10 minuten rusten.
- Verhit 1 eetlepel olie in een pan met antiaanbaklaag. Bak pinda's en chana dhal gedurende 2 minuten op middelhoog vuur. Giet af en zet opzij.
- Verhit de resterende olie in een pan met anti-aanbaklaag. Sauteer mosterdzaad, asafoetida en kool gedurende 2 minuten. Sprenkel er wat water over, doe een deksel op de pan en laat 5 minuten sudderen. Voeg poha, gemberpasta, suiker, citroensap en zout toe. Meng goed en kook gedurende 10 minuten.
- Garneer met korianderblaadjes, geroosterde pinda's en dhal. Heet opdienen.

Besan Bhajji-brood

(snack gemaakt van brood en kikkererwtenmeel)

voor 32

Ingrediënten

175g / 6oz bezaan*

1250 ml water

½ theelepel ajwain zaden

zout naar smaak

Geraffineerde plantaardige olie om te frituren

8 sneetjes brood, gehalveerd

methode

- Maak een dik beslag door de besan te mengen met water. Voeg ajwain-zaden en zout toe. Klop goed.
- Verhit de olie in een gecoate pan. Doop de stukjes brood in het beslag en bak ze goudbruin. Heet opdienen.

Methi Seekh Kebab

(muntspies met fenegriekblaadjes)

Maakt 8-10

Ingrediënten

100 g gehakte fenegriekblaadjes

3 grote aardappelen, gekookt en gepureerd

1 theelepel gemberpasta

1 theelepel knoflookpasta

4 groene pepers, fijngehakt

1 theelepel gemalen komijn

1 theelepel gemalen koriander

½ theelepel garam masala

zout naar smaak

2 eetlepels paneermeel

Geraffineerde plantaardige olie om te bedruipen

methode

- Meng alle ingrediënten behalve de olie. vorm van de gehaktballetjes.
- Spies en kook op een houtskoolgrill, besprenkel met olie en draai af en toe. Heet opdienen.

Jhinga Hariyali

(Groene Garnalen)

voor 20

Ingrediënten

zout naar smaak

sap van 1 citroen

20 garnalen, gepeld en gepeld (houd de staart vast)

75 g fijngehakte muntblaadjes

75 g gehakte korianderblaadjes

1 theelepel gemberpasta

1 theelepel knoflookpasta

Een snufje garam masala

1 eetlepel geraffineerde plantaardige olie

1 kleine ui, in plakjes

methode

- Wrijf de garnalen in met zout en citroensap. Laat 20 minuten rusten.
- Maal 50g muntblaadjes, 50g korianderblaadjes, de gemberpasta, de knoflookpasta en de garam masala fijn.
- Voeg toe aan de garnalen en laat 30 minuten staan. Sprenkel de olie erover.
- Spies de garnalen op een spies en kook op een houtskoolgrill, af en toe kerend.
- Garneer met de overgebleven koriander- en muntblaadjes en de gesneden ui. Heet opdienen.

Methi Adai

(crêpe met fenegriek)

Maakt 20-22

Ingrediënten

100 gram rijst

100g / 3½oz Urad Dhal*

100 g mung dhal*

100g Chana dhal*

100 gram masoor dhal*

Een snufje asafoetida

6-7 kerrieblaadjes

zout naar smaak

50 g verse fenegriekblaadjes, gehakt

Geraffineerde plantaardige olie om in te vetten

methode

- Week rijst en dhal samen gedurende 3-4 uur.
- Giet rijst en dhal af en voeg asafoetida, kerrieblaadjes en zout toe. Maal grof en laat 7 uur fermenteren. Voeg de fenegriekblaadjes toe.
- Vet een pan in en verwarm deze. Voeg een eetlepel van het gefermenteerde mengsel toe en verdeel het over een pannenkoek. Smeer wat olie rond de randen en bak op middelhoog vuur gedurende 3-4 minuten. Keer om en bak nog 2 minuten.
- Herhaal voor de rest van het deeg. Serveer warm met kokoschutney

Erwten Chaat

Voor 4 personen

Ingrediënten

2 theelepels geraffineerde plantaardige olie

½ theelepel komijnzaad

300 g erwten uit blik

½ theelepel amchoor*

¼ theelepel kurkuma

¼ theelepel garam masala

1 theelepel citroensap

5 cm gemberwortel, geschild en in reepjes gesneden

methode

- Verhit de olie in een pan. Voeg de komijnzaadjes toe en laat 15 seconden knetteren. Voeg erwten, amboor, kurkuma en garam masala toe. Meng goed en kook 2-3 minuten, af en toe roerend.
- Garneer met citroensap en gember. Heet opdienen.

shingada

(Bengaals hartig)

Maakt 8-10

Ingrediënten

2 eetlepels geraffineerde plantaardige olie plus extra om te frituren

1 theelepel komijnzaad

200 gram gekookte erwten

2 aardappelen, gekookt en in stukjes gesneden

1 theelepel gemalen koriander

zout naar smaak

Voor het gebak:

350 g gewone witte bloem

¼ theelepel zout

Wat water

methode

- Verhit 2 eetlepels olie in een pan. Voeg de komijnzaadjes toe. Laat ze 15 seconden knetteren. Voeg erwten, aardappelen, gemalen koriander en zout toe. Meng goed en bak op middelhoog vuur gedurende 5 minuten. Aan de kant zetten.
- Maak wafels van deegingrediënten, zoals in het recept voor aardappelsamosa. Vul de kegels met het groentemengsel en sluit ze af.
- Verhit de resterende olie in een pan met anti-aanbaklaag. Bak de kegels op middelhoog vuur tot ze goudbruin zijn. Serveer warm met muntchutney

Ui Bhajia

(uien pannenkoeken)

voor 20

Ingrediënten

250g / 9oz bezaan*

4 grote uien, dun gesneden

zout naar smaak

½ theelepel kurkuma

150ml water

Geraffineerde plantaardige olie om te frituren

methode

- Meng de besan, uien, zout en kurkuma. Voeg het water toe en meng goed.
- Verhit de olie in een gecoate pan. Voeg eetlepels toe aan het mengsel en bak tot ze goudbruin zijn. Laat uitlekken op absorberend papier en dien heet op.

Bagani Murgh

(kip in cashewpasta)

voor 12

Ingrediënten

500 g kip zonder bot, in blokjes

1 kleine ui, in plakjes

1 tomaat, in plakjes

1 komkommer, in plakjes

1 theelepel gemberpasta

1 theelepel knoflookpasta

2 groene pepers, fijngehakt

10 g muntblaadjes, gemalen

10 g korianderblaadjes, gemalen

zout naar smaak

Voor de marinade:

6-7 cashewnoten, gemalen tot een pasta

2 eetlepels vloeibare room

methode

- Meng de ingrediënten van de marinade. Marineer de kip 4-5 uur in dit mengsel.
- Spies en kook op een houtskoolgrill, af en toe draaien.
- Garneer met uien, tomaten en komkommers. Heet opdienen.

Aardappel Tikki

(aardappel gehaktballen)

voor 12

Ingrediënten

4 grote aardappelen, gekookt en gepureerd

1 theelepel gemberpasta

1 theelepel knoflookpasta

sap van 1 citroen

1 grote ui, fijngehakt

25 g overgebleven korianderblaadjes, gehakt

¼ theelepel chilipoeder

zout naar smaak

2 eetlepels rijstmeel

3 eetlepels geraffineerde plantaardige olie

methode

- Meng de aardappelen met de gemberpasta, knoflookpasta, citroensap, ui, korianderblaadjes, chilipoeder en zout. Goed mengen. vorm van de gehaktballetjes.
- Bestuif de gehaktballen met rijstmeel.
- Verhit de olie in een gecoate pan. Bak de gehaktballetjes op middelhoog vuur goudbruin. Giet af en serveer warm met muntchutney.

Bataat Vada

(aardappelknoedels gebakken in beslag)

Maakt 12-14

Ingrediënten

1 theelepel geraffineerde plantaardige olie plus wat om te frituren

½ theelepel mosterdzaad

½ theelepel urad dhal*

½ theelepel kurkuma

5 aardappelen, gekookt en gepureerd

zout naar smaak

sap van 1 citroen

250g / 9oz bezaan*

Een snufje asafoetida

120ml water

methode

- Verhit 1 theelepel olie in een pan met antiaanbaklaag. Voeg mosterdzaadjes, urad dhal en kurkuma toe. Laat ze 15 seconden knetteren.
- Giet over de aardappelen. Voeg ook zout en citroensap toe. Goed mengen.
- Verdeel het aardappelmengsel in pasteitjes ter grootte van een walnoot. Aan de kant zetten.
- Meng de besan, asafoetida, zout en water tot een deeg.
- Verhit de resterende olie in een pan met anti-aanbaklaag. Doop de aardappelballetjes in het beslag en bak ze goudbruin. Giet af en serveer met muntchutney.

Kip mini kebab

voor 8

Ingrediënten

350 g kip, in stukjes

125 g bezaan*

1 grote ui, fijngehakt

½ theelepel gemberpasta

½ theelepel knoflookpasta

1 theelepel citroensap

¼ theelepel gemalen groene kardemom

1 eetlepel gehakte korianderblaadjes

zout naar smaak

1 eetlepel sesamzaadjes

methode

- Meng alle ingrediënten behalve de sesamzaadjes.
- Verdeel het mengsel in balletjes en bestrooi met de sesamzaadjes.
- Bak gedurende 25 minuten op 190°C (375°F, gasstand 5). Serveer warm met muntchutney.

Rissole-lenzen

voor 12

Ingrediënten

2 eetlepels geraffineerde plantaardige olie plus extra om te frituren

2 kleine uien, fijngehakt

2 wortelen, fijngehakt

600g / 1lb 5oz Masoor Dhal*

500 ml water

2 eetlepels gemalen koriander

zout naar smaak

25 g overgebleven korianderblaadjes, gehakt

100 gram paneermeel

2 eetlepels natuurlijk wit meel

1 ei, losgeklopt

methode

- Verhit 1 eetlepel olie in een pan met antiaanbaklaag. Voeg de uien en wortelen toe en fruit 2-3 minuten op middelhoog vuur, onder regelmatig roeren. Voeg masoor dhal, water, gemalen koriander en zout toe. Laat al roerend 30 minuten sudderen.
- Voeg de korianderblaadjes en de helft van het paneermeel toe. Goed mengen.
- Vorm worstjes en bedek ze met bloem. Dompel de pasteitjes in het losgeklopte ei en wentel ze door het overgebleven paneermeel. Aan de kant zetten.
- Verhit de resterende olie. Bak de pasteitjes goudbruin en draai ze een keer om. Serveer warm met groene kokoschutney.

Voedende poha

Voor 4 personen

Ingrediënten

1 eetlepel geraffineerde plantaardige olie

125 g pinda's

1 ui, fijngehakt

¼ theelepel kurkuma

zout naar smaak

1 aardappel, gekookt en in stukjes gesneden

200g Poha*, laat 5 minuten zwellen en giet af

1 theelepel citroensap

1 eetlepel gehakte korianderblaadjes

methode

- Verhit de olie in een pan. Fruit de pinda's, uien, kurkuma en zout 2-3 minuten op middelhoog vuur.
- Voeg de aardappel en poha toe. Bak op laag vuur, al roerend, tot een gladde massa.
- Garneer met citroensap en korianderblaadjes. Heet opdienen.

Gebruikelijke bonen

(bonen in hete saus)

Voor 4 personen

Ingrediënten

300g / 10oz Masoor Dhal*Week 20 minuten in heet water

¼ theelepel kurkuma

zout naar smaak

50 g sperziebonen, fijngehakt

240ml water

1 eetlepel geraffineerde plantaardige olie

¼ theelepel mosterdzaad

Een paar kerrieblaadjes

zout naar smaak

methode

- Meng de dhal, kurkuma en zout. Maal totdat er een grove pasta ontstaat.
- Stoom gedurende 20-25 minuten. Laat 20 minuten afkoelen. Verkruimel het mengsel met je vingers. Aan de kant zetten.
- Kook de sperziebonen met water en een beetje zout in een pan op middelhoog vuur tot ze zacht zijn. Aan de kant zetten.
- Verhit de olie in een pan. Voeg de mosterdzaadjes toe. Laat ze 15 seconden knetteren. Voeg de curryblaadjes en verkruimelde dhal toe.
- Bak op middelhoog vuur, al roerend, tot ze zacht zijn, ongeveer 3-4 minuten. Voeg de gekookte bonen toe en meng goed. Heet opdienen.

Broodchutney Pakoda

Voor 4 personen

Ingrediënten

250g / 9oz bezaan*

150ml water

½ theelepel ajwain zaden

125 g muntchutney

12 sneetjes brood

Geraffineerde plantaardige olie om te frituren

methode

- Meng de besan met water tot een beslag met de consistentie van pannenkoekenmix. Voeg de ajwainzaden toe en meng licht. Aan de kant zetten.
- Smeer de muntmosterd op een boterham en leg er nog een bovenop. Herhaal dit voor alle sneetjes brood. Snijd ze diagonaal doormidden.
- Verhit de olie in een gecoate pan. Doop de broodjes in het beslag en bak ze op middelhoog vuur goudbruin. Serveer warm met ketchup.

Methi Khakra-plezier

(fenegriek snack)

voor 16

Ingrediënten

50 g verse fenegriekblaadjes, fijngehakt

300 g volkorenmeel

1 theelepel chilipoeder

¼ theelepel kurkuma

½ theelepel gemalen koriander

1 eetlepel geraffineerde plantaardige olie

zout naar smaak

120ml water

methode

- Meng alle ingrediënten door elkaar. Kneed tot je een zacht maar compact deeg krijgt.
- Verdeel het deeg in 16 balletjes ter grootte van een citroen. Rol ze uit tot hele dunne schijfjes.
- Verhit een platte pan. Leg de plakjes op de ondiepe pan en bak ze krokant. Herhaal voor de andere kant. Bewaar in een luchtdichte container.

Groene schnitzel

voor 12

Ingrediënten

200 g spinazie, fijngehakt

4 aardappelen, gekookt en gepureerd

200 g mung dhal*, gekookt en gepureerd

25 g overgebleven korianderblaadjes, gehakt

2 groene pepers, fijngehakt

1 theelepel garam masala

1 grote ui, fijngehakt

zout naar smaak

1 theelepel knoflookpasta

1 theelepel gemberpasta

Geraffineerde plantaardige olie om te frituren

250 gram paneermeel

methode

- Meng de spinazie en aardappelen erdoor. Voeg mung dhal, korianderblaadjes, groene pepers, garam masala, uien, zout, knoflookpasta en gemberpasta toe. Goed mengen.
- Verdeel het mengsel in porties ter grootte van een walnoot en vorm van elk een schnitzel.
- Verhit de olie in een gecoate pan. Rol de schnitzel door paneermeel en bak goudbruin. Heet opdienen.

hand

(pittige griesmeeltaart)

Voor 4 personen

Ingrediënten

100 gram griesmeel

125 g bezaan*

200 gram yoghurt

25 g / zeer kleine flespompoen van 1 ounce, geraspt

1 wortel, geraspt

25 g groene erwten

½ theelepel kurkuma

½ theelepel chilipoeder

½ theelepel gemberpasta

½ theelepel knoflookpasta

1 groene peper, fijngehakt

zout naar smaak

Een snufje asafoetida

½ theelepel bakpoeder

4 eetlepels geraffineerde plantaardige olie

¾ theelepel mosterdzaad

½ theelepel sesamzaadjes

methode
- Meng griesmeel, besan en yoghurt in een pan. Voeg de geraspte pompoen, wortel en erwten toe.
- Voeg voor het beslag kurkuma, chilipoeder, gemberpasta, knoflookpasta, groene chili, zout en asafoetida toe. Het moet de consistentie van cakebeslag hebben. Zo niet, voeg dan een paar eetlepels water toe.
- Voeg het bakpoeder toe en meng goed. Aan de kant zetten.
- Verhit de olie in een pan. Voeg mosterd en sesamzaadjes toe. Laat ze 15 seconden knetteren.
- Giet het beslag in de pot. Dek af met een deksel en laat 10-12 minuten sudderen.
- Dek het deeg af en draai het voorzichtig om met een spatel. Dek weer af en laat nog 15 minuten sudderen.
- Prik er met een vork in om te controleren of het gaar is. Als het klaar is, komt de vork er schoon uit. Heet opdienen.

Gugra

(Mezzaluna met hartige groentezaden)

Voor 4 personen

Ingrediënten

5 eetlepels geraffineerde plantaardige olie plus extra om te frituren

Een snufje asafoetida

400 g erwten uit blik, gemalen

250ml water

zout naar smaak

5 cm gemberwortel, fijngehakt

2 theelepels citroensap

1 eetlepel gehakte korianderblaadjes

350 g volkorenmeel

methode

- Verhit 2 eetlepels olie in een pan. Asafoetida toevoegen. Voeg als het barst de doperwten en 120 ml water toe. Kook op middelhoog vuur gedurende 3 minuten.

- Voeg zout, gember en citroensap toe. Meng goed en kook nog 5 minuten. Bestrooi met de korianderblaadjes en zet apart.

- Meng de bloem met zout, het resterende water en 3 eetlepels olie. Verdeel in balletjes en rol uit tot ronde schijven van 10 cm doorsnee.

- Leg op elk plakje wat van het erwtenmengsel en bedek de helft van het plakje met het mengsel. Vouw de andere helft om zodat er een "D" ontstaat. Sluit af door de randen dicht te knijpen.

- Verwarm de olie. Bak de ghoograss op middelhoog vuur goudbruin. Heet opdienen.

bananen spiesjes

voor 20

Ingrediënten

6 groene bananen

1 theelepel gemberpasta

250g / 9oz bezaan*

25 g overgebleven korianderblaadjes, gehakt

½ theelepel chilipoeder

1 theelepel amchoor*

sap van 1 citroen

zout naar smaak

240 ml geraffineerde plantaardige olie voor ondiep braden

methode

- Kook de bananen in de schil gedurende 10-15 minuten. Giet af en pel.

- Meng de andere ingrediënten behalve de olie erdoor. vorm van de gehaktballetjes.

- Verhit de olie in een gecoate pan. Bak de gehaktballetjes goudbruin. Heet opdienen.

groentetaart

voor 12

Ingrediënten

2 eetlepels arrowroot poeder

4-5 grote aardappelen, gekookt en geraspt

1 eetlepel geraffineerde plantaardige olie plus extra om te frituren

125 g bezaan*

25 g geraspte verse kokosnoot

4-5 cashewnoten

3-4 rozijnen

125 g gekookte diepvrieserwten

2 theelepels gedroogde granaatappelpitjes

2 theelepels grof gemalen koriander

1 theelepel venkelzaad

½ theelepel gemalen zwarte peper

½ theelepel chilipoeder

1 theelepel amchoor*

½ theelepel grof zout

zout naar smaak

methode
- Meng arrowroot, aardappelen en 1 eetlepel olie. Aan de kant zetten.

- Meng voor de vulling de overige ingrediënten (zonder olie) door elkaar.

- Verdeel het aardappelmengsel in ronde pasteitjes. Leg een lepel vulling in het midden van elk pasteitje. Sluit af als een zak en maak plat.

- Verhit de resterende olie in een pannetje. Bak de gehaktballetjes op laag vuur goudbruin. Heet opdienen.

Gekiemde Bhel Bonen

(Zout Snack Met Gekiemde Bonen)

Voor 4 personen

Ingrediënten

100 g gekiemde mungbonen, gekookt

250g Kaala Chana*, gekookt

3 grote aardappelen, gekookt en in stukjes gesneden

2 grote tomaten, fijngehakt

1 middelgrote ui, gehakt

zout naar smaak

Voor de garnering:

2 eetlepels muntchutney

2 eetlepels warme en zoete mangochutney

4-5 eetlepels yoghurt

100 g Franse frietjes, in stukjes gesneden

10 g gehakte korianderblaadjes

methode

- Meng alle ingrediënten behalve de ingrediënten voor de topping.
- Versier in de volgorde van de vermelde ingrediënten. Serveer onmiddellijk.

Alo Kachori

(gefrituurde aardappelknoedels)

voor 15

Ingrediënten

350 g volkorenmeel

1 eetlepel geraffineerde plantaardige olie, plus wat om te frituren

1 theelepel ajwain-zaden

zout naar smaak

5 aardappelen, gekookt en gepureerd

2 theelepels chilipoeder

1 eetlepel gehakte korianderblaadjes

methode

- Meng bloem, 1 eetlepel olie, ajwain zaden en zout. Verdeel in balletjes ter grootte van een limoen. Maak elk stuk plat tussen je handpalmen en zet opzij.
- Meng aardappelen, chilipoeder, korianderblaadjes en wat zout.
- Leg een portie van dit mengsel in het midden van elk pasteitje. Sluit af door de randen dicht te knijpen.

- Verhit de olie in een gecoate pan. Bak de kachoris op middelhoog vuur goudbruin. Giet af en dien warm op.

Dieet Dosa

(dieet crêpe)

voor 12

Ingrediënten

300 g mung dhal*Week in 250 ml water gedurende 3-4 uur

3-4 groene pepers

1 inch gemberwortel

100 gram griesmeel

1 eetlepel zure room

50 g gehakte korianderblaadjes

6 kerrieblaadjes

Geraffineerde plantaardige olie om in te vetten

zout naar smaak

methode

- Meng de dhal met de groene pepers en gember. samen malen.
- Voeg griesmeel en zure room toe. Goed mengen. Voeg korianderblaadjes, kerrieblaadjes en genoeg water toe om een dik beslag te maken.

- Vet een platte pan in en verwarm deze. Giet er 2 eetlepels beslag over en verdeel het met de achterkant van een lepel. Kook gedurende 3 minuten op laag vuur. Draai om en herhaal.
- Herhaal het proces voor het resterende deeg. Heet opdienen.

voer rol

Maakt 8-10

Ingrediënten

200 g spinazie, fijngehakt

1 wortel, fijngehakt

125 g diepvrieserwten

50 g gekiemde mungbonen

3-4 grote aardappelen, gekookt en gepureerd

2 grote uien, fijngehakt

½ theelepel gemberpasta

½ theelepel knoflookpasta

1 groene peper, fijngehakt

½ theelepel amchoor*

zout naar smaak

½ theelepel chilipoeder

3 eetlepels fijngehakte korianderblaadjes

Geraffineerde plantaardige olie voor ondiep frituren

8-10 chapati's

2 eetlepels warme en zoete mangochutney

methode

- Stoom de spinazie, wortelen, erwten en mungbonen samen.
- Meng de gestoomde groenten met aardappelen, uien, gemberpasta, knoflookpasta, groene peper, amchoor, zout, chilipoeder en korianderblaadjes. Meng goed om een homogeen mengsel te verkrijgen.
- Vorm kleine schnitzels van het mengsel.
- Verhit de olie in een pan. Bak de schnitzels op middelhoog vuur goudbruin. Giet af en zet opzij.
- Smeer een hete en zoete mangochutney op een chapatti. Leg een kotelet in het midden en rol de chapati's op.
- Herhaal dit voor alle chapati's. Heet opdienen.

Sabudana Palak Doodhi Uttapam

(Pannenkoeken met sago, spinazie en kalebas)

voor 20

Ingrediënten

1 theelepel Toor dhal*

1 theelepel mung dhal*

1 theelepel uradbonen*

1 theelepel masoor dhal*

3 theelepels rijst

100 g sago, grof gemalen

50 g spinazie, gestoomd en gemalen

¼ fles pompoen*, geraspt

125 g bezaan*

½ theelepel gemalen komijn

1 theelepel fijngehakte muntblaadjes

1 groene peper, fijngehakt

½ theelepel gemberpasta

zout naar smaak

100 ml water

Geraffineerde plantaardige olie om te frituren

methode

- Maal toor dhal, mung dhal, urad bonen, masoor dhal en rijst samen. Aan de kant zetten.
- Week de sago 3-5 minuten. Giet volledig af.
- Meng met het dhal-mengsel van gemalen rijst.
- Voeg de spinazie, flespompoen, besan, gemalen komijn, muntblaadjes, groene pepers, gemberpasta, zout en voldoende water toe om een dik beslag te vormen. Laat 30 minuten rusten.
- Vet een pan in en verwarm deze. Giet 1 eetlepel beslag in de pan en verdeel met de achterkant van een lepel.
- Dek af en kook op middelhoog vuur tot de onderkant lichtbruin is. Draai om en herhaal.
- Herhaal het proces voor het resterende deeg. Serveer warm met ketchup of groene kokoschutney

Poha

Voor 4 personen

Ingrediënten

150 g poha*

1 1/2 eetlepel geraffineerde plantaardige olie

½ theelepel komijnzaad

½ theelepel mosterdzaad

1 grote aardappel, fijngehakt

2 grote uien, fijngehakt

5-6 groene pepers, fijngehakt

8 kerrieblaadjes, grof gehakt

¼ theelepel kurkuma

45 g geroosterde pinda's (optioneel)

25 g verse kokosnoot, geraspt of geschraapt

10 g fijngehakte korianderblaadjes

1 theelepel citroensap

zout naar smaak

methode

- Was de poha goed. Giet het water volledig af en plaats de poha 15 minuten in een vergiet.
- Maak de bosjes poha voorzichtig los met je vingers. Aan de kant zetten.
- Verhit de olie in een pan. Voeg komijn- en mosterdzaad toe. Laat ze 15 seconden knetteren.
- Voeg de gesneden aardappelen toe. Bak op middelhoog vuur gedurende 2-3 minuten. Voeg uien, groene pepers, curryblaadjes en kurkuma toe. Kook tot de uien glazig zijn. Van het fornuis halen.
- Voeg poha, geroosterde pinda's, de helft van de geraspte kokosnoot en korianderblaadjes toe. Roer om grondig te mengen.
- Besprenkel met citroensap en zout. Laat 4-5 minuten sudderen.
- Garneer met de overgebleven kokos en korianderblaadjes. Heet opdienen.

groente kotelet

Maakt 10-12

Ingrediënten

2 uien, fijngehakt

5 teentjes knoflook

¼ theelepel venkelzaad

2-3 groene chilipepers

10 g fijngehakte korianderblaadjes

2 grote wortelen, fijngehakt

1 grote aardappel, fijngehakt

1 kleine rode biet, fijngehakt

50 g sperziebonen, fijngehakt

50 gram erwten

900 ml water

zout naar smaak

¼ theelepel kurkuma

2-3 eetlepels besan*

1 eetlepel geraffineerde plantaardige olie, plus wat om te frituren

50 gram paneermeel

methode

- Maal 1 ui, knoflook, venkelzaad, groene pepers en korianderblaadjes tot een gladde pasta. Aan de kant zetten.
- Combineer wortelen, aardappelen, bieten, sperziebonen en erwten in een pan. Voeg 500 ml water, zout en kurkuma toe en kook op middelhoog vuur tot de groenten gaar zijn.
- Pureer de groenten goed en zet opzij.
- Meng de besan en het resterende water tot een glad beslag. Aan de kant zetten.
- Verhit 1 eetlepel olie in een pan. Voeg de resterende ui toe en bak tot ze glazig zijn.
- Voeg de uien- en knoflookpasta toe en bak op middelhoog vuur gedurende een minuut, onder voortdurend roeren.
- Voeg de gepureerde groenten toe en meng goed.
- Haal van het vuur en zet opzij om af te koelen.
- Verdeel dit mengsel in 10-12 balletjes. Druk plat tussen de handpalmen om pasteitjes te vormen.
- Doop de gehaktballetjes in het beslag en rol ze door het paneermeel.
- Verhit de olie in een gecoate pan. Bak de gehaktballetjes aan beide kanten goudbruin.
- Serveer warm met ketchup.

Sojabonen Uppit

(sojabonensnack)

Voor 4 personen

Ingrediënten

1 1/2 eetlepel geraffineerde plantaardige olie

½ theelepel mosterdzaad

2 groene pepers, fijngehakt

2 rode pepers, fijngehakt

Een snufje asafoetida

1 grote ui, fijngehakt

1 inch gemberwortel, in juliennereepjes gesneden

10 teentjes knoflook, fijngehakt

6 kerrieblaadjes

100 g sojagriesmeel*, droog geroosterd

100 g droog geroosterd griesmeel

200 gram erwten

500 ml heet water

¼ theelepel kurkuma

1 theelepel suiker

1 theelepel zout

1 grote tomaat, fijngehakt

2 eetlepels fijngehakte korianderblaadjes

15 rozijnen

10 cashewnoten

methode

- Verhit de olie in een pan. Voeg de mosterdzaadjes toe. Laat ze 15 seconden knetteren.
- Voeg de groene pepers, rode pepers, asafoetida, uien, gember, knoflook en kerrieblaadjes toe. Bak op middelhoog vuur gedurende 3-4 minuten, onder regelmatig roeren.
- Voeg sojameel, griesmeel en erwten toe. Kook tot beide soorten griesmeel goudbruin zijn.
- Voeg heet water, kurkuma, suiker en zout toe. Kook op middelhoog vuur tot het water verdampt.
- Garneer met tomaten, korianderblaadjes, rozijnen en cashewnoten.
- Heet opdienen.

oeps

(griesmeel ontbijtbord)

Voor 4 personen

Ingrediënten

1 eetlepel geklaarde boter

150 gram griesmeel

1 eetlepel geraffineerde plantaardige olie

¼ theelepel mosterdzaad

1 theelepel uraddhal*

3 groene pepers, in de lengte doorgesneden

8-10 kerrieblaadjes

1 middelgrote ui, fijngehakt

1 middelgrote tomaat, fijngehakt

750 ml water

1 opgehoopte theelepel suiker

zout naar smaak

50 g erwten uit blik (optioneel)

25 g zeldzame korianderblaadjes, fijngehakt

methode

- Verwarm de ghee in een gecoate pan. Voeg het griesmeel toe en bak, onder regelmatig roeren, tot het griesmeel goudbruin is. Aan de kant zetten.
- Verhit de olie in een pan. Voeg mosterdzaadjes, urad dhal, groene pepers en kerrieblaadjes toe. Bak tot de urad dhal bruin wordt.
- Voeg de ui toe en fruit op laag vuur tot glazig. Voeg de tomaat toe en bak nog 3-4 minuten.
- Voeg het water toe en meng goed. Kook op middelhoog vuur tot het mengsel begint te koken. Goed mengen.
- Voeg suiker, zout, griesmeel en erwten toe. Goed mengen.
- Laat 2-3 minuten sudderen, onder voortdurend roeren.
- Garneer met de korianderblaadjes. Heet opdienen.

Vermicelli Oeps

(vermicelli met uien)

Voor 4 personen

Ingrediënten

3 eetlepels geraffineerde plantaardige olie

1 theelepel mung dhal*

1 theelepel uraddhal*

¼ theelepel mosterdzaad

8 kerrieblaadjes

10 pinda's

10 cashewnoten

1 middelgrote aardappel, fijngehakt

1 grote wortel, fijngehakt

2 groene pepers, fijngehakt

1 cm gemberwortel, fijngehakt

1 grote ui, fijngehakt

1 tomaat, fijngehakt

50 g diepvrieserwten

zout naar smaak

1 liter water

200 g vermicelli

2 eetlepels geklaarde boter

methode

- Verhit de olie in een pan. Voeg mung dhal, urad dhal, mosterdzaad en kerrieblaadjes toe. Laat ze 30 seconden knetteren.
- Voeg pinda's en cashewnoten toe. Bak op middelhoog vuur tot ze goudbruin zijn.
- Voeg de aardappel en wortel toe. Bak gedurende 4-5 minuten.
- Voeg pepers, gember, uien, tomaten, erwten en zout toe. Kook op middelhoog vuur, onder regelmatig roeren, tot de groenten gaar zijn.
- Voeg het water toe en breng aan de kook. Goed mengen.
- Voeg de vermicelli toe, onder voortdurend roeren om ervoor te zorgen dat er geen klontjes ontstaan.
- Dek af met een deksel en laat 5-6 minuten sudderen.
- Voeg de ghee toe en meng goed. Heet opdienen.

bonda

(aardappelkotelet)

voor 10

Ingrediënten

5 eetlepels geraffineerde plantaardige olie plus extra om te frituren

½ theelepel mosterdzaad

2,5 mm gemberwortel, fijngehakt

2 groene pepers, fijngehakt

50 g fijngehakte korianderblaadjes

1 grote ui, fijngehakt

4 middelgrote aardappelen, gekookt en gepureerd

1 grote wortel, fijngehakt en gekookt

125 g erwten uit blik

Een snufje kurkuma

zout naar smaak

1 theelepel citroensap

250g / 9oz bezaan*

200ml water

½ theelepel bakpoeder

methode

- Verhit 4 eetlepels olie in een pan. Voeg mosterdzaadjes, gember, groene pepers, korianderblaadjes en uien toe. Bak op middelhoog vuur, af en toe roerend, tot de ui bruin begint te worden.
- Voeg aardappelen, wortelen, erwten, kurkuma en zout toe. Laat 5-6 minuten sudderen, af en toe roeren.
- Besprenkel met citroensap en verdeel in 10 balletjes. Aan de kant zetten.
- Meng de saus, het water en de gist met 1 eetlepel olie tot een deeg.
- Verhit de olie in een pan. Dompel elke aardappelbal in het beslag en bak op middelhoog vuur goudbruin.
- Heet opdienen.

Instant Dhokla

(Instant Gestoomde Hartige Taart)

Maakt 15-20

Ingrediënten

250g / 9oz bezaan*

1 theelepel zout

2 eetlepels suiker

2 eetlepels geraffineerde plantaardige olie

½ eetlepel citroensap

240ml water

1 eetlepel bakpoeder

1 theelepel mosterdzaad

2 groene pepers, in de lengte doorgesneden

Een paar kerrieblaadjes

1 eetlepel water

2 eetlepels fijngehakte korianderblaadjes

1 eetlepel verse kokosnoot, geraspt

methode

- Meng besan, zout, suiker, 1 eetlepel olie, citroensap en water tot een glad beslag.
- Vet een ronde cakevorm (20 cm) in.
- Voeg de gist toe aan het deeg. Meng goed en giet onmiddellijk in de ingevette pan. Stoom gedurende 20 minuten.
- Prik er met een vork in om te controleren of het gaar is. Als de vork er niet schoon uitkomt, stoom dan opnieuw gedurende 5 tot 10 minuten. Aan de kant zetten.
- Verhit de resterende olie in een pannetje. Voeg de mosterdzaadjes toe. Laat ze 15 seconden knetteren.
- Voeg groene pepers, kerrieblaadjes en water toe. Laat 2 minuten sudderen.
- Giet dit mengsel op de dhokla en laat het in de vloeistof trekken.
- Garneer met korianderblaadjes en kokosvlokken.
- Snijd in vierkanten en serveer met muntchutney

Dal Maharani

(Zwarte Linzen en Rode Bonen)

Voor 4 personen

Ingrediënten

150g uradhal*

2 eetlepels borlottibonen

1,4 liter water

zout naar smaak

1 eetlepel geraffineerde plantaardige olie

½ theelepel komijnzaad

1 grote ui, fijngehakt

3 middelgrote tomaten, gehakt

1 theelepel gemberpasta

½ theelepel knoflookpasta

½ theelepel chilipoeder

½ theelepel garam masala

120 ml verse room

methode

- Week de urad dhal en rode bonen een nacht samen. Giet af en kook samen in een pan met water en zout op middelhoog vuur gedurende 1 uur. Aan de kant zetten.
- Verhit de olie in een pan. Voeg de komijnzaadjes toe. Laat ze 15 seconden knetteren.
- Voeg de ui toe en bak op middelhoog vuur tot deze bruin is.
- Voeg de tomaten toe. Goed mengen. Voeg de gemberpasta en knoflookpasta toe. Bak gedurende 5 minuten.
- Voeg het gekookte dhalbonenmengsel, chilipoeder en garam masala toe. Goed mengen.
- Room toevoegen. Laat 5 minuten sudderen en roer regelmatig.
- Serveer warm met naan of gestoomde rijst

Milagu Kuzhambu

(Rode kikkererwten in pepersaus)

Voor 4 personen

Ingrediënten

- 2 theelepels geklaarde boter
- 2 theelepels korianderzaad
- 1 eetlepel tamarindepasta
- 1 theelepel gemalen zwarte peper
- ¼ theelepel asafoetida

- zout naar smaak
- 1 eetlepel toor dhal*, gekookt
- 1 liter water
- ¼ theelepel mosterdzaad
- 1 groene paprika, gehakt
- ¼ theelepel kurkuma
- 10 kerrieblaadjes

methode

- Verhit een paar druppels ghee in een pannetje. Voeg de korianderzaadjes toe en bak 2 minuten op middelhoog vuur. Laten afkoelen en malen.
- Meng met de tamarindepasta, peper, asafoetida, zout en dhal in een grote pan.
- Voeg het water toe. Meng goed en breng aan de kook op middelhoog vuur. Aan de kant zetten.
- Verhit de resterende ghee in een pannetje. Voeg mosterdzaadjes, groene pepers, kurkuma en kerrieblaadjes toe. Laat ze 15 seconden knetteren.
- Voeg dit toe aan de dhal. Heet opdienen.

Dhal Hariyali

(Bladgroenten met Bengaalse Gram Split)

Voor 4 personen

Ingrediënten

300g / 10oz Toor Dhal*

1,4 liter water

zout naar smaak

2 eetlepels geklaarde boter

1 theelepel komijnzaad

1 ui, fijngehakt

½ theelepel gemberpasta

½ theelepel knoflookpasta

½ theelepel kurkuma

50 g spinazie, gehakt

10 g fenegriekblaadjes, fijngehakt

25 g zeldzame korianderblaadjes

methode

- Kook de dhal met water en zout in een pan gedurende 45 minuten, onder regelmatig roeren. Aan de kant zetten.
- Verwarm de ghee in een pannetje. Voeg komijn, ui, gemberpasta, knoflookpasta en kurkuma toe. Bak op laag vuur gedurende 2 minuten, onder voortdurend roeren.
- Voeg spinazie, fenegriekblaadjes en korianderblaadjes toe. Meng goed en laat 5-7 minuten sudderen.
- Serveer warm met gestoomde rijst

Dhalcha

(Gedeelde Bengaalse gram met lamsvlees)

Voor 4 personen

Ingrediënten

150g chana dhal*

150g toor dhal*

2,8 liter water

zout naar smaak

2 eetlepels tamarindepasta

2 eetlepels geraffineerde plantaardige olie

4 grote uien, gehakt

5 cm gemberwortel, geraspt

10 teentjes knoflook, geplet

750 g lamsgehakt

1,4 liter water

3-4 tomaten, gehakt

1 theelepel chilipoeder

1 theelepel kurkuma

1 theelepel garam masala

20 kerrieblaadjes

25 g zeldzame korianderblaadjes, fijngehakt

methode

- Kook de dhhals met water en zout gedurende 1 uur op middelhoog vuur. Voeg de tamarindepasta toe en pureer goed. Aan de kant zetten.
- Verhit de olie in een pan. Voeg uien, gember en knoflook toe. Bak op middelhoog vuur tot ze goudbruin zijn. Voeg het lamsvlees toe en bruin, onder voortdurend roeren.
- Voeg het water toe en laat sudderen tot het lamsvlees gaar is.
- Voeg tomaten, chilipoeder, kurkuma en zout toe. Goed mengen. Kook nog 7 minuten.
- Voeg dhal, garam masala en kerrieblaadjes toe. Goed mengen. Kook gedurende 4-5 minuten.
- Garneer met de korianderblaadjes. Heet opdienen.

Tarkari Dhalcha

(Bengaalse gramsplit met groenten)

Voor 4 personen

Ingrediënten

150g chana dhal*

150g toor dhal*

zout naar smaak

3 liter water

10 g muntblaadjes

10 g korianderblaadjes

2 eetlepels geraffineerde plantaardige olie

½ theelepel mosterdzaad

½ theelepel komijnzaad

Een snufje fenegriekzaden

Een snufje Kalonji-zaden*

2 gedroogde rode chilipepers

10 kerrieblaadjes

½ theelepel gemberpasta

½ theelepel knoflookpasta

½ theelepel kurkuma

1 theelepel chilipoeder

1 theelepel tamarindepasta

500 g pompoen, in fijne blokjes

methode

- Kook beide dhals met zout, 2,5 liter water en de helft van de munt en koriander in een steelpan op middelhoog vuur gedurende 1 uur. Maal tot je een dikke pasta krijgt. Aan de kant zetten.
- Verhit de olie in een pan. Voeg mosterdzaad, komijn, fenegriek en kalonji toe. Laat ze 15 seconden knetteren.
- Voeg de rode pepers en curryblaadjes toe. Bak op middelhoog vuur gedurende 15 seconden.
- Voeg de dhalpasta, gemberpasta, knoflookpasta, kurkuma, chilipoeder en tamarindepasta toe. Goed mengen. Kook op middelhoog vuur gedurende 10 minuten, onder regelmatig roeren.
- Voeg het resterende water en de pompoen toe. Laat sudderen tot de pompoen gaar is.
- Voeg de resterende munt- en korianderblaadjes toe. Laat 3-4 minuten koken.
- Heet opdienen.

Dhokar Dhalna

(Gefrituurde Curry Dhal-blokjes)

Voor 4 personen

Ingrediënten

600g / 1lb 5oz Chana Dhal*, een nacht laten weken

120ml water

zout naar smaak

4 eetlepels geraffineerde plantaardige olie plus extra om te frituren

3 groene pepers, gehakt

½ theelepel asafoetida

2 grote uien, fijngehakt

1 laurierblad

1 theelepel gemberpasta

1 theelepel knoflookpasta

1 theelepel chilipoeder

¾ theelepel kurkuma

1 theelepel garam masala

1 eetlepel fijngehakte korianderblaadjes

methode

- Maal de dhal met water en wat zout tot een dikke pasta. Aan de kant zetten.
- Verhit 1 eetlepel olie in een pan. Voeg de groene pepers en asafoetida toe. Laat ze 15 seconden knetteren. Roer de dhalpasta en wat zout erdoor. Goed mengen.
- Spreid dit mengsel uit op een bakplaat om af te koelen. Snijd in stukjes van 2,5 cm.
- Verhit de olie om te frituren in een pan. Bak de stukjes goudbruin. Aan de kant zetten.
- Verhit 2 eetlepels olie in een pan. Fruit de uien tot ze goudbruin zijn. Maal ze tot een pasta en zet opzij.
- Verhit de resterende 1 eetlepel olie in een pan. Voeg laurierblad, gebakken dhal-stukjes, gebakken uienpasta, gemberpasta, knoflookpasta, chilipoeder, kurkuma en garam masala toe. Voeg voldoende water toe om de dhal-stukken te bedekken. Meng goed en laat 7-8 minuten sudderen.
- Garneer met de korianderblaadjes. Heet opdienen.

Varan

(Eenvoudig verdeelde rode gram dhal)

Voor 4 personen

Ingrediënten

300g / 10oz Toor Dhal*

2,4 liter water

¼ theelepel asafoetida

½ theelepel kurkuma

zout naar smaak

methode

- Kook alle ingrediënten ongeveer 1 uur in een pan op middelhoog vuur.
- Serveer warm met gestoomde rijst

lieve dhal

(Zoete gedeelde rode gram)

Voor 4-6 personen

Ingrediënten

300g / 10oz Toor Dhal*

2,5 liter water

zout naar smaak

¼ theelepel kurkuma

Een flinke snuf asafoetida

½ theelepel chilipoeder

Stukje rietsuiker van 5 cm*

2 theelepels geraffineerde plantaardige olie

¼ theelepel komijn

¼ theelepel mosterdzaad

2 gedroogde rode chilipepers

1 eetlepel fijngehakte korianderblaadjes

methode

- Was de toor dhal en kook deze met water en zout in een pan op laag vuur gedurende 1 uur.
- Voeg kurkuma, asafoetida, chilipoeder en rietsuiker toe. Laat 5 minuten koken. Goed mengen. Aan de kant zetten.
- Verhit de olie in een kleine steelpan. Voeg komijn, mosterdzaad en gedroogde rode pepers toe. Laat ze 15 seconden knetteren.
- Giet het in de dhal en meng goed.
- Garneer met de korianderblaadjes. Heet opdienen.

Zoetzure dhal

(Zoete en zure gebroken rode gram)

Voor 4-6 personen

Ingrediënten

300g / 10oz Toor Dhal*

2,4 liter water

zout naar smaak

¼ theelepel kurkuma

¼ theelepel asafoetida

1 theelepel tamarindepasta

1 theelepel suiker

2 theelepels geraffineerde plantaardige olie

½ theelepel mosterdzaad

2 groene chilipepers

8 kerrieblaadjes

1 eetlepel fijngehakte korianderblaadjes

methode

- Kook de toor dhal in een pan met water en zout op middelhoog vuur gedurende 1 uur.
- Voeg kurkuma, asafoetida, tamarindepasta en suiker toe. Laat 5 minuten koken. Aan de kant zetten.
- Verhit de olie in een kleine steelpan. Voeg mosterdzaadjes, groene pepers en kerrieblaadjes toe. Laat ze 15 seconden knetteren.
- Giet dit kruid in de dhal.
- Garneer met de korianderblaadjes.
- Serveer warm met gestoomde rijst of chapati's

Mung-ni-Dhal

(Green Gram gedeeld)

Voor 4 personen

Ingrediënten

300 g mung dhal*

1,9 liter water

zout naar smaak

¼ theelepel kurkuma

½ theelepel gemberpasta

1 groene peper, fijngehakt

¼ theelepel suiker

1 eetlepel geklaarde boter

½ theelepel sesamzaadjes

1 kleine ui, gesnipperd

1 fijngehakt teentje knoflook

methode

- Kook de mung dhal met water en zout in een pan op middelhoog vuur gedurende 30 minuten.
- Voeg kurkuma, gemberpasta, groene pepers en suiker toe. Goed mengen.
- Voeg 120 ml water toe als de dhal droog is. Laat 2-3 minuten sudderen en zet opzij.
- Verwarm de ghee in een kleine steelpan. Voeg sesam, ui en knoflook toe. Bak gedurende 1 minuut, onder voortdurend roeren.
- Voeg dit toe aan de dhal. Heet opdienen.

Dhal met uien en kokos

(Rode kikkererwten met uien en kokos)

Voor 4-6 personen

Ingrediënten

300g / 10oz Toor Dhal*

2,8 liter water

2 groene pepers, gehakt

1 kleine ui, gesnipperd

zout naar smaak

¼ theelepel kurkuma

1 ½ theelepel plantaardige olie

½ theelepel mosterdzaad

1 eetlepel fijngehakte korianderblaadjes

50 g geraspte verse kokosnoot

methode

- Kook de toor dhal met water, groene pepers, uien, zout en kurkuma in een pan op middelhoog vuur gedurende 1 uur. Aan de kant zetten.
- Verhit de olie in een pan. Voeg de mosterdzaadjes toe. Laat ze 15 seconden knetteren.
- Giet het in de dhal en meng goed.
- Garneer met korianderblaadjes en kokos. Heet opdienen.

Dahi Kadhi

(yoghurt kerrie)

Voor 4 personen

Ingrediënten

1 eetlepel bonen*

250 gram yoghurt

750 ml water

2 theelepels suiker

zout naar smaak

½ theelepel gemberpasta

1 eetlepel geraffineerde plantaardige olie

¼ theelepel mosterdzaad

¼ theelepel komijn

¼ theelepel fenegriekzaden

8 kerrieblaadjes

10 g fijngehakte korianderblaadjes

methode

- Combineer besan in een grote pan met yoghurt, water, suiker, zout en gemberpasta. Meng goed om ervoor te zorgen dat er geen klontjes ontstaan.
- Kook het mengsel op middelhoog vuur tot het begint te verdikken, onder regelmatig roeren. Aan de kook brengen. Aan de kant zetten.
- Verhit de olie in een pan. Voeg mosterdzaad, komijnzaad, fenegriekzaad en kerrieblaadjes toe. Laat ze 15 seconden knetteren.
- Giet deze olie over het bezaanmengsel.
- Garneer met de korianderblaadjes. Heet opdienen.

dhal spinazie

(spinazie met gebarsten groene gram)

Voor 4 personen

Ingrediënten

300 g mung dhal*

1,9 liter water

zout naar smaak

1 grote ui, gesnipperd

6 teentjes knoflook, gehakt

¼ theelepel kurkuma

100 gram gehakte spinazie

½ theelepel amchoor*

Een snufje garam masala

½ theelepel gemberpasta

1 eetlepel geraffineerde plantaardige olie

1 theelepel komijnzaad

2 eetlepels fijngehakte korianderblaadjes

methode

- Kook de dhal met water en zout in een pan op middelhoog vuur gedurende 30-40 minuten.
- Voeg ui en knoflook toe. Kook gedurende 7 minuten.
- Voeg kurkuma, spinazie, amchoor, garam masala en gemberpasta toe. Goed mengen.
- Laat sudderen tot de dhal zacht is en alle kruiden zijn opgenomen. Aan de kant zetten.
- Verhit de olie in een pan. Voeg de komijnzaadjes toe. Laat ze 15 seconden knetteren.
- Giet het over de dhal.
- Garneer met de korianderblaadjes. Heet opdienen

Tawker Dal

(Gesplitste rode linzen met onrijpe mango)

Voor 4 personen

Ingrediënten

300g / 10oz Toor Dhal*

2,4 liter water

1 onrijpe mango, ontpit en in vieren gesneden

½ theelepel kurkuma

4 groene chilipepers

zout naar smaak

2 theelepels mosterdolie

½ theelepel mosterdzaad

1 eetlepel fijngehakte korianderblaadjes

methode

- Kook de dhal een uur met water, stukjes mango, kurkuma, groene pepers en zout. Aan de kant zetten.
- Verhit de olie in een pan en voeg de mosterdzaadjes toe. Laat ze 15 seconden knetteren.
- Voeg dit toe aan de dhal. Laat sudderen tot het ingedikt is.
- Garneer met de korianderblaadjes. Serveer warm met gestoomde rijst

Eenvoudige dhal

(Gedeelde rode gram met tomaat)

Voor 4 personen

Ingrediënten

300g / 10oz Toor Dhal*

1,2 liter water

zout naar smaak

¼ theelepel kurkuma

½ eetlepel geraffineerde plantaardige olie

¼ theelepel komijn

2 groene pepers, in de lengte doorgesneden

1 middelgrote tomaat, fijngehakt

1 eetlepel fijngehakte korianderblaadjes

methode

- Kook de toor dhal met water en zout in een pan op middelhoog vuur gedurende 1 uur.
- Voeg kurkuma toe en meng goed.
- Als de dhal te dik is, voeg dan 120 ml water toe. Meng goed en zet opzij.
- Verhit de olie in een pan. Voeg de komijnzaadjes toe en laat 15 seconden knetteren. Voeg de groene pepers en tomaat toe. Bak gedurende 2 minuten.
- Voeg dit toe aan de dhal. Roer en laat 3 minuten sudderen.
- Garneer met de korianderblaadjes. Serveer warm met gestoomde rijst

Maa-ki-Dhal

(Rijk zwart gram)

Voor 4 personen

Ingrediënten

240g Kaali dhal*

125 g borlottibonen

2,8 liter water

zout naar smaak

3,5 cm lange gemberwortel, in juliennereepjes gesneden

1 theelepel chilipoeder

3 tomaten, gepureerd

1 eetlepel boter

2 theelepels geraffineerde plantaardige olie

1 theelepel komijnzaad

2 eetlepels vloeibare room

methode

- Week de dhal en pintobonen een nacht samen.
- Kook het water, zout en gember in een pan op middelhoog vuur gedurende 40 minuten.
- Voeg chilipoeder, tomatenpuree en boter toe. Kook gedurende 8-10 minuten. Aan de kant zetten.
- Verhit de olie in een pan. Voeg de komijnzaadjes toe. Laat ze 15 seconden knetteren.
- Voeg dit toe aan de dhal. Goed mengen.
- Room toevoegen. Serveer warm met gestoomde rijst

Dhansak

(Scherpe parsi gesplitste rode gram)

Voor 4 personen

Ingrediënten

3 eetlepels geraffineerde plantaardige olie

1 grote ui, fijngehakt

2 grote tomaten, in stukjes

½ theelepel kurkuma

½ theelepel chilipoeder

1 eetlepel Dhansak Masala*

1 eetlepel moutazijn

zout naar smaak

Voor de dhal-mix:

150g toor dhal*

75g mung dhal*

75g masoor dhal*

1 kleine aubergine, in vieren gesneden

Stukje pompoen van 7,5 cm, in vieren gesneden

1 eetlepel verse fenegriekblaadjes

1,4 liter water

zout naar smaak

methode

- Kook de ingrediënten voor het dhal-mengsel samen in een pan op middelhoog vuur gedurende 45 minuten. Aan de kant zetten.
- Verhit de olie in een pan. Fruit de uien en tomaten 2-3 minuten op middelhoog vuur.
- Voeg de dhal-mix en alle andere ingrediënten toe. Meng goed en kook op middelhoog vuur gedurende 5-7 minuten. Heet opdienen.

Masoor Dhal

Voor 4 personen

Ingrediënten

300g / 10oz Masoor Dhal*

zout naar smaak

Een snufje kurkuma

1,2 liter water

2 eetlepels geraffineerde plantaardige olie

6 teentjes knoflook, geperst

1 theelepel citroensap

methode

- Kook de dhal, zout, kurkuma en water in een pan op middelhoog vuur gedurende 45 minuten. Aan de kant zetten.
- Verhit de olie in een pan en bak de knoflook goudbruin. Voeg toe aan de dhal en besprenkel met citroensap. Goed mengen. Heet opdienen.

Panchemel Dhal

(mix van vijf lenzen)

Voor 4 personen

Ingrediënten

75g mung dhal*

1 eetlepel Chana dhal*

1 eetlepel masoor dhal*

1 eetlepel toor dhal*

1 eetlepel urad dhal*

750 ml water

½ theelepel kurkuma

zout naar smaak

1 eetlepel geklaarde boter

1 theelepel komijnzaad

Een snufje asafoetida

½ theelepel garam masala

1 theelepel gemberpasta

methode

- Kook de dhals met het water, kurkuma en zout in een pan op middelhoog vuur gedurende 1 uur. Goed mengen. Aan de kant zetten.
- Verwarm de ghee in een pannetje. Bak de overige ingrediënten 1 minuut mee.
- Voeg toe aan de dhal, meng goed en laat 3-4 minuten sudderen. Heet opdienen.

Cholar Dhal

(Gesplitst Bengaals gram)

Voor 4 personen

Ingrediënten

600g / 1lb 5oz Chana Dhal*

2,4 liter water

zout naar smaak

3 eetlepels geklaarde boter

½ theelepel komijnzaad

½ theelepel kurkuma

2 theelepels suiker

3 kruidnagels

2 laurierblaadjes

1 inch kaneel

2 groene kardemompeulen

15 g kokosnoot, gehakt en gebakken

methode

- Kook de dhal met water en zout in een pan op middelhoog vuur gedurende 1 uur. Aan de kant zetten.
- Verhit 2 eetlepels ghee in een steelpan. Voeg alle ingrediënten toe behalve kokos. Laat ze 20 seconden knetteren. Voeg de gekookte dhal toe en kook 5 minuten, goed roerend. Voeg kokos en 1 eetlepel ghee toe. Heet opdienen.

Dilpas en Dhal

(Speciale Lenzen)

Voor 4 personen

Ingrediënten

60 g uradbonen*

2 eetlepels borlottibonen

2 eetlepels kikkererwten

2 liter water

¼ theelepel kurkuma

2 eetlepels geklaarde boter

2 tomaten, geblancheerd en gepureerd

2 theelepels gemalen komijn, droog geroosterd

125 g yoghurt, opgeklopt

120 ml vloeibare room

zout naar smaak

methode

- Meng bonen, kikkererwten en water. 4 uur in een pan laten weken. Voeg kurkuma toe en kook op middelhoog vuur gedurende 45 minuten. Aan de kant zetten.
- Verwarm de ghee in een pannetje. Voeg alle resterende ingrediënten toe en kook op middelhoog vuur tot de ghee zich afscheidt.
- Voeg het bonen-kikkererwtenmengsel toe. Sudderen tot het droog is. Heet opdienen.

Dal Masoor

(Gebroken Rode Linzen)

Voor 4 personen

Ingrediënten

1 eetlepel geklaarde boter

1 theelepel komijnzaad

1 kleine ui, fijngehakt

2,5 cm gemberwortel, fijngehakt

6 teentjes knoflook, fijngehakt

4 groene pepers, in de lengte doorgesneden

1 tomaat, geschild en gepureerd

½ theelepel kurkuma

300g / 10oz Masoor Dhal*

1,5 liter water

zout naar smaak

2 eetlepels korianderblaadjes

methode

- Verwarm de ghee in een pannetje. Voeg komijn, ui, gember, knoflook, chili, tomaat en kurkuma toe. Bak gedurende 5 minuten, roer regelmatig.
- Voeg dhal, water en zout toe. Kook gedurende 45 minuten. Garneer met de korianderblaadjes. Serveer warm met gestoomde rijst

Dal met aubergine

(linzen met aubergine)

Voor 4 personen

Ingrediënten

300g / 10oz Toor Dhal*

1,5 liter water

zout naar smaak

1 eetlepel geraffineerde plantaardige olie

50 g in blokjes gesneden aubergines

1 inch kaneel

2 groene kardemompeulen

2 kruidnagels

1 grote ui, fijngehakt

2 grote tomaten, fijngehakt

½ theelepel gemberpasta

½ theelepel knoflookpasta

1 theelepel gemalen koriander

½ theelepel kurkuma

10 g korianderblaadjes voor garnering

methode

- Kook de dhal met water en zout in een pan op middelhoog vuur gedurende 45 minuten. Aan de kant zetten.
- Verhit de olie in een pan. Voeg alle resterende ingrediënten toe, behalve de korianderblaadjes. Bak 2-3 minuten onder voortdurend roeren.
- Voeg het mengsel toe aan de dhal. Laat 5 minuten koken. Garneer en serveer.

Dhal Tadka geel

Voor 4 personen

Ingrediënten

300 g mung dhal*

1 liter water

¼ theelepel kurkuma

zout naar smaak

3 theelepels geklaarde boter

½ theelepel mosterdzaad

½ theelepel komijnzaad

½ theelepel fenegriekzaden

2,5 cm gemberwortel, fijngehakt

4 teentjes knoflook, fijngehakt

3 groene pepers, in de lengte doorgesneden

8 kerrieblaadjes

methode

- Kook de dhal met water, kurkuma en zout in een pan op middelhoog vuur gedurende 45 minuten. Aan de kant zetten.
- Verwarm de ghee in een pannetje. Voeg alle andere ingrediënten toe. Bak ze 1 minuut en giet ze over de dhal. Meng goed en dien warm op.

Rasam

(Hete tamarindesoep)

Voor 4 personen

Ingrediënten

2 eetlepels tamarindepasta

750 ml water

8-10 kerrieblaadjes

2 eetlepels gehakte korianderblaadjes

Een snufje asafoetida

zout naar smaak

2 theelepels geklaarde boter

½ theelepel mosterdzaad

Voor de kruidenmix:

2 theelepels korianderzaad

2 el toor dhal*

1 theelepel komijnzaad

4-5 peperkorrels

1 gedroogde rode peper

methode

- Droog braad en maal de ingrediënten van het kruidenmengsel.
- Meng het kruidenmengsel met alle ingrediënten behalve ghee en mosterdzaadjes. Kook in een pan op middelhoog vuur gedurende 7 minuten.
- Verwarm de ghee in een andere pan. Voeg de mosterdzaadjes toe en laat 15 seconden sudderen. Giet het rechtstreeks in de Rasam. Heet opdienen.

Gewoon mung dhal

Voor 4 personen

Ingrediënten

300 g mung dhal*

1 liter water

Een snufje kurkuma

zout naar smaak

2 eetlepels geraffineerde plantaardige olie

1 grote ui, fijngehakt

3 groene pepers, fijngehakt

2,5 cm gemberwortel, fijngehakt

5 kerrieblaadjes

2 tomaten, fijngehakt

methode

- Kook de dhal met het water, kurkuma en zout in een pan op middelhoog vuur gedurende 30 minuten. Aan de kant zetten.
- Verhit de olie in een pan. Voeg alle andere ingrediënten toe. Bak gedurende 3-4 minuten. Voeg dit toe aan de dhal. Laat sudderen tot het ingedikt is. Heet opdienen.

Hele groene mangoest

Voor 4 personen

Ingrediënten

250 g mungbonen, een nacht geweekt

1 liter water

½ eetlepel geraffineerde plantaardige olie

½ theelepel komijnzaad

6 kerrieblaadjes

1 grote ui, fijngehakt

½ theelepel knoflookpasta

½ theelepel gemberpasta

3 groene pepers, fijngehakt

1 tomaat, fijngehakt

¼ theelepel kurkuma

zout naar smaak

120 ml melk

methode

- Kook de bonen met het water in een pan op middelhoog vuur gedurende 45 minuten. Aan de kant zetten.
- Verhit de olie in een pan. Voeg komijn en kerrieblaadjes toe.
- Voeg na 15 seconden de gekookte bonen en alle andere ingrediënten toe. Meng goed en laat 7-8 minuten sudderen. Heet opdienen.

Dahi Kadhi met Pakora's

(yoghurtcurry met gebakken dumplings)

Voor 4 personen

Ingrediënten
Voor de pakora's:

125 g bezaan[*]

¼ theelepel komijn

2 theelepels gehakte uien

1 fijngehakte groene paprika

½ theelepel geraspte gember

Een snufje kurkuma

2 groene pepers, fijngehakt

½ theelepel ajwain zaden

zout naar smaak

bak olie

Voor de kadhi:

Dahi Kadhi

methode

- Meng in een kom alle pakora-ingrediënten behalve de olie met voldoende water om een dik beslag te vormen. Bak lepels in hete olie tot ze goudbruin zijn.
- Kook de kadhi en voeg de pakora's toe. Laat 3-4 minuten koken.
- Serveer warm met gestoomde rijst

Zoete onrijpe mango dhal

(Gesplitste rode gram met onrijpe mango)

Voor 4 personen

Ingrediënten

300g / 10oz Toor Dhal*

2 groene pepers, in de lengte doorgesneden

2 theelepels rietsuiker*, geraspt

1 kleine ui, in plakjes

zout naar smaak

¼ theelepel kurkuma

1,5 liter water

1 onrijpe mango, geschild en in stukjes gesneden

1 ½ theelepel geraffineerde plantaardige olie

½ theelepel mosterdzaad

1 eetlepel korianderblaadjes voor garnering

methode

- Meng alle ingrediënten behalve olie, mosterdzaad en korianderblaadjes in een pan. Kook gedurende 30 minuten op middelhoog vuur. Aan de kant zetten.
- Verhit de olie in een pan. Voeg de mosterdzaadjes toe. Laat ze 15 seconden knetteren. Giet het over de dhal. Garneer en dien warm op.

Malai dhal

(Zwarte kikkererwtenpartjes met room)

Voor 4 personen

Ingrediënten

300g uradhal* 4 uur laten weken

1 liter water

500 ml gekookte melk

1 theelepel kurkuma

zout naar smaak

½ theelepel amchoor*

2 eetlepels vloeibare room

1 eetlepel geklaarde boter

1 theelepel komijnzaad

2,5 cm gemberwortel, fijngehakt

1 kleine tomaat, fijngehakt

1 kleine ui, fijngehakt

methode

- Kook de dhal met water op middelhoog vuur gedurende 45 minuten.
- Voeg melk, kurkuma, zout, amchoor en room toe. Meng goed en kook gedurende 3-4 minuten. Aan de kant zetten.
- Verwarm de ghee in een pannetje. Voeg komijn, gember, tomaat en ui toe. Bak gedurende 3 minuten. Voeg dit toe aan de dhal. Meng goed en dien warm op.

Sambhar

(Gemengde linzen en groenten gekookt met speciale kruiden)

Voor 4 personen

Ingrediënten

300g / 10oz Toor Dhal*

1,5 liter water

zout naar smaak

1 eetlepel geraffineerde plantaardige olie

1 grote ui, dun gesneden

2 theelepels tamarindepasta

¼ theelepel kurkuma

1 groene peper, grof gehakt

1 1/2 theelepel sambhar poeder*

2 eetlepels fijngehakte korianderblaadjes

Voor kruiden:

1 groene peper, in de lengte doorgesneden

1 theelepel mosterdzaad

½ theelepel urad dhal*

8 kerrieblaadjes

¼ theelepel asafoetida

methode

- Meng alle dressingingrediënten door elkaar. Aan de kant zetten.
- Kook de toor dhal met water en zout in een pan op middelhoog vuur gedurende 40 minuten. Pureer goed. Aan de kant zetten.
- Verhit de olie in een pan. Voeg de ingrediënten voor de dressing toe. Laat ze 20 seconden knetteren.
- Voeg de gekookte dhal en alle andere ingrediënten behalve de korianderblaadjes toe. Laat 8-10 minuten sudderen.
- Garneer met de korianderblaadjes. Heet opdienen.

Drie Dhals

(Gemengde linzen)

Voor 4 personen

Ingrediënten

150g toor dhal*

75g masoor dhal*

75g mung dhal*

1 liter water

1 grote tomaat, fijngehakt

1 kleine ui, fijngehakt

4 teentjes knoflook, fijngehakt

6 kerrieblaadjes

zout naar smaak

¼ theelepel kurkuma

2 eetlepels geraffineerde plantaardige olie

½ theelepel komijnzaad

methode

- Week de dhals 30 minuten in water. Kook met de andere ingrediënten behalve de olie en komijn op middelhoog vuur gedurende 45 minuten.
- Verhit de olie in een pan. Voeg de komijnzaadjes toe. Laat ze 15 seconden knetteren. Giet het over de dhal. Goed mengen. Heet opdienen.

Methi drumstick sambhar

(Fenegriek en rode kikkererwtensticks)

Voor 4 personen

Ingrediënten

300g / 10oz Toor Dhal*

1 liter water

Een snufje kurkuma

zout naar smaak

2 Indiase eetstokjes*, gehackt

1 theelepel geraffineerde plantaardige olie

¼ theelepel mosterdzaad

1 rode paprika, gehalveerd

¼ theelepel asafoetida

10 g verse fenegriekblaadjes, gehakt

1¼ theelepel sambharpoeder*

1¼ theelepel tamarindepasta

methode

- Combineer dhal, water, kurkuma, zout en dijen in een pan. Kook gedurende 45 minuten op middelhoog vuur. Aan de kant zetten.

- Verhit de olie in een pan. Voeg alle overige ingrediënten toe en roerbak 2-3 minuten. Voeg dit toe aan de dhal en laat 7-8 minuten sudderen. Heet opdienen.

Dal Shorba

(Linzensoep)

Voor 4 personen

Ingrediënten

300g / 10oz Toor Dhal*

zout naar smaak

1 liter water

1 eetlepel geraffineerde plantaardige olie

2 grote uien, in plakjes

4 teentjes knoflook, geperst

50 g bladspinazie, fijngehakt

3 tomaten, fijngehakt

1 theelepel citroensap

1 theelepel garam masala

methode

- Kook de dhal, zout en water in een pan op middelhoog vuur gedurende 45 minuten. Aan de kant zetten.
- Verwarm de olie. Fruit de uien op middelhoog vuur tot ze goudbruin zijn. Voeg alle andere ingrediënten toe en kook 5 minuten, onder regelmatig roeren.
- Voeg het toe aan het dhal-mengsel. Heet opdienen.

Lekker mung

(hele mung)

Voor 4 personen

Ingrediënten

250 g mungbonen

2,5 liter water

zout naar smaak

2 middelgrote uien, gehakt

3 groene pepers, gehakt

¼ theelepel kurkuma

1 theelepel chilipoeder

1 theelepel citroensap

1 eetlepel geraffineerde plantaardige olie

½ theelepel komijnzaad

6 teentjes knoflook, geperst

methode

- Week mungbonen 3-4 uur in water. Kook in een pan met zout, uien, groene pepers, kurkuma en chilipoeder gedurende 1 uur op middelhoog vuur.
- Voeg citroensap toe. Laat 10 minuten koken. Aan de kant zetten.
- Verhit de olie in een pan. Voeg komijn en knoflook toe. Bak 1 minuut op middelhoog vuur. Giet het bij het mungmengsel. Heet opdienen.

Masala Toor Dhal

(Hete Pittige Rode Gram)

Voor 4 personen

Ingrediënten

300g / 10oz Toor Dhal*

1,5 liter water

zout naar smaak

½ theelepel kurkuma

1 eetlepel geraffineerde plantaardige olie

½ theelepel mosterdzaad

8 kerrieblaadjes

¼ theelepel asafoetida

½ theelepel gemberpasta

½ theelepel knoflookpasta

1 groene peper, fijngehakt

1 ui, fijngehakt

1 tomaat, fijngehakt

2 theelepels citroensap

2 eetlepels korianderblaadjes voor garnering

methode

- Kook de dhal met water, zout en kurkuma in een pan op middelhoog vuur gedurende 45 minuten. Aan de kant zetten.
- Verhit de olie in een pan. Voeg alle ingrediënten toe behalve citroensap en korianderblaadjes. Bak 3-4 minuten op middelhoog vuur. Giet het over de dhal.
- Voeg citroensap en korianderblaadjes toe. Goed mengen. Heet opdienen.

Droge gele Mung Dhal

(Droge gele gram)

Voor 4 personen

Ingrediënten

300 g mung dhal*1 uur laten weken

250ml water

¼ theelepel kurkuma

zout naar smaak

1 eetlepel geklaarde boter

1 theelepel amchoor*

1 eetlepel gehakte korianderblaadjes

1 kleine ui, fijngehakt

methode

- Kook de dhal met water, kurkuma en zout in een pan op middelhoog vuur gedurende 45 minuten.
- Verwarm de ghee en giet over de dhal. Bestrooi met amchoor, korianderblaadjes en uien. Heet opdienen.

Urad geheel

(hele zwarte gram)

Voor 4 personen

Ingrediënten

300 g uradbonen*, gewassen

zout naar smaak

1,25 liter water

¼ theelepel kurkuma

½ theelepel chilipoeder

½ theelepel gedroogd gemberpoeder

¾ theelepel garam masala

1 eetlepel geklaarde boter

½ theelepel komijnzaad

1 grote ui, fijngehakt

2 eetlepels fijngehakte korianderblaadjes

methode

- Kook de uradbonen met zout en water in een pan op middelhoog vuur gedurende 45 minuten.
- Voeg kurkuma, chilipoeder, gemberpoeder en garam masala toe. Meng goed en laat 5 minuten sudderen. Aan de kant zetten.
- Verwarm de ghee in een pannetje. Voeg de komijnzaadjes toe en laat 15 seconden knetteren. Voeg de ui toe en bak op middelhoog vuur tot deze bruin is.
- Voeg het uienmengsel toe aan de dhal en meng goed. Laat 10 minuten koken.
- Garneer met de korianderblaadjes. Heet opdienen.

Dal Fry

(Gesplitste rode gram met gebakken kruiden)

Voor 4 personen

Ingrediënten

300g / 10oz Toor Dhal*

1,5 liter water

½ theelepel kurkuma

zout naar smaak

2 eetlepels geklaarde boter

½ theelepel mosterdzaad

½ theelepel komijnzaad

½ theelepel fenegriekzaden

2,5 cm gemberwortel, fijngehakt

2-3 teentjes knoflook, fijngehakt

2 groene pepers, fijngehakt

1 kleine ui, fijngehakt

1 tomaat, fijngehakt

methode

- Kook de dhal met water, kurkuma en zout in een pan op middelhoog vuur gedurende 45 minuten. Goed mengen. Aan de kant zetten.
- Verwarm de ghee in een pannetje. Voeg mosterdzaad, komijnzaad en fenegriekzaad toe. Laat ze 15 seconden knetteren.
- Voeg gember, knoflook, groene pepers, uien en tomaten toe. Bak op middelhoog vuur gedurende 3-4 minuten, onder regelmatig roeren. Voeg dit toe aan de dhal. Heet opdienen.

www.ingramcontent.com/pod-product-compliance
Lightning Source LLC
Chambersburg PA
CBHW070416120526
44590CB00014B/1418